国家出版基金项目
NATIONAL PUBLICATION FOUNDATION
"十二五"国家重点出版物出版规划项目

PROSPEROUS PEOPLE &
COMFORTABLE HOUSING

富民与安居

中国土地住宅体制改革研究报告

周天勇　郭雪剑 著

大连出版社
DALIAN PUBLISHING HOUSE

© 周天勇 郭雪剑 2016

图书在版编目（CIP）数据

富民与安居：中国土地住宅体制改革研究报告 / 周天勇，
郭雪剑著 . —大连：大连出版社，2016.6（2016.9 重印）
ISBN 978-7-5505-1067-8

Ⅰ .①富… Ⅱ .①周… ②郭… Ⅲ .①住宅—经济体制改
革—研究报告—中国 Ⅳ .① F299.233.1

中国版本图书馆 CIP 数据核字 (2016) 第 129993 号

出 版 人：刘明辉
项目负责人：刘明辉
执行策划：于凤英
责任编辑：毕华书　于凤英　卢　锋
装帧设计：蓝瑟传媒
责任校对：张丽娜
责任印制：徐丽红

出版发行者：大连出版社
　　　地址：大连市西岗区长白街 10 号
　　　邮编：116011
　　　电话：0411-83620245/83620941
　　　传真：0411-83610391
　　　网址：http://www.dlmpm.com
　　　邮箱：yu-fengying@hotmail.com
印 刷 者：大连图腾彩色印刷有限公司
经 销 者：各地新华书店

幅面尺寸：155mm×230mm
印　　张：17
字　　数：180 千字
出版时间：2016 年 6 月第 1 版
印刷时间：2016 年 9 月第 2 次印刷
书　　号：ISBN 978-7-5505-1067-8
定　　价：39.80 元

Contents

目 录

引　言 / 001

第一章　中国土地住宅制度历史沿革 / 005

　　一、古代社会井田制的演变和特点 / 005

　　二、封建社会土地制度的演变和特点 / 010

　　三、清末民初至新中国成立前的土地制度改革 / 026

　　四、新中国成立以来土地制度的变迁 / 033

　　五、中国住宅制度的历史沿革 / 048

　　六、中国香港地区、台湾地区的土地住宅制度 / 064

　　七、中国土地住宅制度演变的特点和规律 / 075

第二章　土地住宅制度的国际比较 / 091

　　一、美国、英国、德国的土地住宅制度 / 091

　　二、古巴、越南、朝鲜的土地住宅制度 / 106

　　三、新加坡、以色列的土地住宅制度 / 117

　　四、国际比较分析及启示 / 127

第三章　土地住宅体制改革的若干理论问题 / 139

一、人口增长与土地瓶颈 / 139

二、开放流动与土地住宅体制改革 / 151

三、租佃关系与土地所有制 / 161

四、现代产权与土地资源配置 / 164

第四章　中国土地住宅体制改革的方案设计 / 173

一、看清目前土地住宅体制弊病的症结 / 174

二、维持现状：会面临什么样的经济和社会风险 / 184

三、改革的目标和方向 / 193

四、改革的框架性内容 / 205

五、房地产税：怎么开征？ / 223

六、其他的风险及配套的改革 / 238

第五章　中国土地住宅体制改革的法律配套 / 247

一、现行土地住宅法律制度与改革目标的冲突 / 247

二、土地住宅修法立法中应调整好的几个关系 / 253

三、完善土地住宅相关法律制度的若干建议 / 260

后　记 / 265

引 言

随着中国经济发展进入新常态，未来一个时期经济增长的动能和动力问题，引起社会各界高度关注，各种理论观点和政策主张激烈交锋。中央确定的经济治理药方是推进供给侧结构性改革，即在适度扩大总需求和调整需求结构的同时，把提高供给质量作为主攻方向，用改革的办法推进结构性调整，充分发挥市场在资源配置中的决定性作用，矫正要素配置扭曲，提高供给结构对需求变化的适应性和灵活性，提高全要素生产率。

现代西方经济学认为，生产要素通常主要包括劳动力、土地、资本、企业家才能四种。从生产要素供给的角度看，供给侧结构性改革可以在一定程度上理解为让市场机制在这四种生产要素的配置中起决定性作用，矫正长期以来存在的要素配置扭曲，优化要素配

置结构，提高要素配置效率。实事求是地看，尽管劳动力、资本、企业家才能这三种要素的市场化配置机制有待完善，配置效率提高空间也比较大，但经过改革开放这些年来的努力，之前以计划或行政手段来配置资源的方式已经有了根本转变，适应市场经济发展的体制机制已经基本建立。相对而言，新中国成立后乃至改革开放以来，土地制度虽然历经多次调整，但实际上还没有找到一套真正适应市场经济发展，有助于资源优化配置和有效利用，有助于人民共同富裕的土地制度安排。

循着这个思路和逻辑，可以从供给侧层面得出这样的认识，即如果把改革开放以来的经济增长在很大程度上归功于劳动力、资本、企业家才能配置的市场化及配置效率的提高，那么未来一个时期中国经济增长的动能和动力则在一定程度上取决于能否顺利推进土地要素的市场化改革，让土地这一"财富之母"成为新一轮经济增长的重要引擎。住宅制度与土地制度密切相关，土地制度中的问题必然会反映到住宅供给中，土地要素的市场化配置自然会带动住宅资源配置效率的提高，最终会有利于经济资源优化配置、社会财富公平分配、城乡居民住有所居等国家重要政策目标的实现。可以说，深化土地和住宅制度改革，彻底理顺土地住宅领域的经济和社会关系，构建一套符合社会主义市场经济发展大方向的土地住宅体制，是未来全面深化改革和推进供给侧结构性改革绕不过去的最为复杂和艰巨的大工程。

本书研究构思的土地住宅体制改革框架，一方面，要贯彻落实党的十八届三中、四中、五中全会精神和习近平总书记系列重要讲话精神，与完善社会主义市场经济体制的总要求相适应，避免形成一个带有浓厚行政垄断干预色彩，以及更多地含有部门权利和房地产商利益的方案；另一方面，要避免由于认识不到位，特别是不考虑开放的社会化大生产和城市化的实际进程，形成一个需要未来不断修修补补，不断"拆除—重建—拆除—重建"的体制。为此，我们坚持理论与实践相结合，对古今中外的土地住宅制度进行了梳理研究，在此基础之上，按照把握方向、构思框架、系统设计、可操作、可执行的要求，系统研究了中国土地住宅体制改革的系列问题。

第一章
中国土地住宅制度历史沿革

　　中国历史就是土地的历史。中国土地制度历史悠久、特色鲜明。在五千多年的农耕文明历史中，建立和完善与生产力发展要求相适应的土地制度，始终是治国安邦的头等大事，始终与江山社稷和人民福祉息息相关。春秋时期的管子有言："地者，政之本也。是故地可以正政也。地不平均和调，则政不可正也；政不正，则事不可理也。"在持续不断的演化发展中，土地制度在推动中国经济发展、促进政治社会稳定中起着至关重要的作用，其中积淀的许多重要历史经验，至今仍很有理论价值和现实意义。

一、古代社会井田制的演变和特点

　　土地是我国古代人民赖以繁衍生息的最重要资源。据学者研

究，原始社会土地制度的主要特点是氏族公有、集体耕种、平均分配。比如，吕思勉认为，在原始社会，人是非劳动不能生存的，而非联合，则其劳动将归于无效，且亦无从劳动起，所以当时包括土地在内的一切物都是公有的，人是"只有合力以对物，断无因物而相争"的。[①] 在进入文明社会及国家出现后，原始社会的氏族土地公有制逐步演化为土地国有制，或称"王有制"。《诗经·小雅·谷风之什·北山》中所说的"普天之下，莫非王土"，就在一定程度上反映了当时的土地制度。

井田制是由原始氏族公社土地公有制发展演变而来的一种土地制度，在西周时期已经比较成熟。按照《春秋公羊传》所说，所谓"井田"，"井"是灌溉单位，八家共用一井。一口井之水量可用来灌溉一井的田地。[②] 根据吕思勉的介绍，井田制的主要内容如下：把一方里之地，分为九区。每区一百亩。中间的一区为公田，其外八区为私田。一方里住八家，各受私田百亩。中间的公田，除去二十亩，以为八家的庐舍（一家得二亩半），还有八十亩，由八家公共耕作，其收入，是全归公家的。私田的所入，亦即全归私家。此即所谓助法。如其田不分公私，每亩田上的收获，都酌提若干成归公，则谓之彻法。土田虽有分配，并不是私人所有的，所以

① 吕思勉. 中国通史[M]. 北京：外文出版社，2012：56.
② 钱穆. 中国经济史[M]. 北京：北京联合出版公司，2014：14.

有"还受"和"换主易居"之法。"受"，谓达到种田的年龄，则
受田于公家。"还"，谓老了，达到无力种田的年龄，则把田还给
公家。"换主易居"，因田非私人所有，故公家时时可重新分配，
比如三年一换主易居。在所种之田以外，大家另有一个聚居之所，
是之谓邑。合九方里的居民，共营一邑，故一邑七十二家（邑中宅
地，亦家得二亩半，合田间庐舍言之，则曰"五亩之宅"），八家
共一巷。中间有一所公共的建筑，是为"校室"。春、夏、秋三
季，百姓都在外种田，冬天则住在邑内。[①]

关于井田制的性质和特点，学术界众说纷纭，有的观点甚至
迥异。比如，有的学者认为井田制是奴隶制度下的土地国有制，
有的学者认为是封建制度下的家族公社制或农村公社制，也有的
学者鉴于缺乏相关考古资料的支持，甚至认为井田制可能仅是一种
乌托邦式的理想制度，在现实社会中从未得到严格实施。黄仁宇认
为，井田制的安排，不必全照规定一成不变地办到，却好像已在广
大的区域内施行，这也意味着国家和社会结构是可以人为地创造出
的，同时也导致上层设计的形式远比下层运作的实质更为重要的统
治习惯。[②] 对于这个问题，关键是要把握两个方面：一方面，井田
制是从氏族土地公有制演化而来的，国王代表整个奴隶主阶级占有

① 吕思勉. 中国通史[M]. 北京：外文出版社，2012：56-57.
② 黄仁宇. 中国大历史[M]. 北京：生活·读书·新知三联书店，2007：18.

全国所有土地，然后分配给大小奴隶主使用，占人口绝大多数的奴隶和庶民则完全被排除在外。各级受封的贵族对土地只有使用权，没有所有权，只能世代享用，不能转让与买卖，并要缴纳一定的贡赋，具有鲜明的土地国有制特点。另一方面，从动态的角度看，井田制具有从土地公有制向土地私有制过渡的特征。早期实行的八家为井、同养公田的助法，公有成分比较多，后来出现的九夫为井之制，则把原为公田的一份另分配于人，个人私有的成分已增多，可以看作公田已被耕作者占有。到了西周中期，贵族之间出现了土地交易，土地私有制实际上已经存在。

春秋时期，随着铁器的使用、牛耕的推广以及水利灌溉技术的进步，农业生产力水平提高，为改革井田制的"千耦其耘""十千维耦"的集体劳动形式，发展分散的、个体的、以一家一户为生产单位的小农经济创造了条件。另外，社会经济发展后，有的地方土地狭小而人口众多，有的农民多耕少报，有的贵族通过转让、劫夺、赏赐等途径转化的私有土地急剧增加，国家对土地的控制日益无力，加之大量的荒地得到开垦，并成为私有财产，事实上的土地私有越来越普遍。在不纳税的私田的冲击下，公田的歉收或荒芜是不可避免的，从而导致国家及诸侯的财政经济利益得不到保障。从已有历史资料看，对井田制的改革正是始于公田的歉收或荒芜。比较著名的是齐国管仲推出的"相地而衰征"（也称"案田而税"）的土地改革举措。它主要包括两个方面：一是"均地分力"，就是把公田（徭役田）分配给农户耕种，变集体劳作为分散的个体独立经营;二是"与之分货"，就是按土地质量测定粮食产量，把一部分收获物交给国家，其余部分留给农民自己。《孙子兵法》佚文《吴问》所记载的什伍租率，也就是农民上缴的部分与所留部分采用的五五分成，大概反映了齐国"分货"的情况。"与之分货"，相当于以实物税取代了原先的劳役税。劳役税是劳动者集体以无偿劳动的形式缴纳，农民没有劳动积极性。[①] 实行一家一户分别缴纳实物税后，由于多产能够多得，效果大不相同，不仅农民生产劳动积极性大为提高，还出现了"夜寝早起，父子兄弟不忘其功，为而不倦，民不惮劳苦"的现象。

在古代，"田"与"亩"是不同的概念，"田"往往是对公田的称呼，"亩"往往是对私田的称呼。[②] 相对于管仲对公田的"案田而税"，公元前594年，鲁国为增加财政收入，实行初税亩，正式废除井田制，承认私田的合法性，开始对私田征税。具体来说，就是按田亩征税，不论公田、私田，凡占有土地者均按土地面积纳税，税率为产量的10%。初税亩从律法的角度肯定了土地的私有制，是在先进生产力发展要求下对生产关系的变革。由于顺应了历史发展的潮流和方向，初税亩改革既增加了国家财政收入，又激发

---

① 刘正山. 大国地权：中国五千年土地制度变革史[M]. 武汉：华中科技大学出版社，2014：117-118.

② 同① 120.

了农民的劳动积极性，促进了劳动效率的提高。

二、封建社会土地制度的演变和特点

马克思主义史学家从历史唯物主义的角度认为，封建社会是指地主或领主占有土地并剥削农民或农奴的社会形态。根据这种观点，我国的封建社会起源于战国时期的商鞅变法。当时，秦国商鞅为发展图强而力推变法，在经济上要求"废井田，开阡陌，授土于民"，也就是废除井田制和奴隶主土地国有制，实行土地私有制，允许土地自由买卖，推动地主经济的发展。商鞅变法标志着井田制的彻底崩溃和封建地主土地私有制的确立，我国也自此开始进入封建社会，并成为世界上最早出现土地私有制的国家。从此，中国开始了王朝的周期性动荡和兴替。在这一历史时期，土地制度特别是封建地主土地所有制呈现出鲜明的阶段性特征。

（一）从秦汉至唐代中叶，地主土地所有制在公田和私田并存中曲折发展

在这一时期，封建国家干预土地分配，一方面限制土地买卖和土地兼并，使得地主土地私有制在当时处于不完全、不自由的发展状态；另一方面国家分配土地，发展小农经济，积极培育自耕农和培养税源，土地制度总体上呈现出公田和私田并存，国家均田和贵族地主兼并土地并行的鲜明特点。

早在秦国商鞅变法时，虽然地主可以向政府呈报自己拥有的田

地，土地兼并开始合法，但当时商鞅力推小农经济，抑制土地兼并和规模经营。比如，规定"民有二男以上不分异者倍其赋"，即凡一户人家有两个以上儿子的，只要到成人年龄，儿子必须结婚分家，独立谋生，否则缴纳的赋税就要翻倍。

进入汉朝后，大致延续了商鞅变法以来的土地产权制度，公田与私田并存。全国的山泽以及未开垦的荒地，皇帝的苑（包括牧场、园林）、籍没地主和商人的土地、屯田等，都属于公田。公田之外，均为可以买卖的私田。有的学者根据张家山汉简等资料认为汉代实行名田制。所谓名田，一般认为是"以名占田，人民向国家登记户口并呈报所占田亩数"。[1] 在汉武帝时，土地兼并严重，贫富悬殊现象日益突出，富者田连阡陌，有君王之尊、公侯之富，贫者无立锥之地，常衣牛马之衣、食犬彘之食，社会阶级矛盾极为尖锐。针对这种情况，董仲舒提出"限民名田"的建议，即主张限制私人占田，抑制富豪兼并。这种建议接近古代井田制之法，较平均地使农民拥有土地，但汉武帝并没有采用。[2] 汉哀帝即位后，下诏定出"田宅奴婢限列"的新规定，要求对诸侯王、列侯、公主、吏二千石及富豪民等，在多畜奴婢、无限量拥有田宅等方面有所限制，明确上述各级人员均不得拥有田地超过三十顷。王莽篡汉后，

① 刘正山. 大国地权：中国五千年土地制度变革史[M]. 武汉：华中科技大学出版社，2014：151，153.
② 钱穆. 中国经济史[M]. 北京：北京联合出版公司，2014：55.

为解决土地兼并及流民问题，将天下田改名"王田"，以王田制为名恢复井田制，王田均不得买卖。东汉光武帝即位后，废除王莽所推行的土地政策，并在建武十五年（公元39年）实行"度田"，下令各州、郡清查人民占有田地数量和户口、年岁，目的是要限制豪强富民兼并土地和畜奴婢之人数，亦可便于征收赋税及力役。[1]

在东汉及曹魏时期，屯田制取得了比较好的成效。屯田制是指利用士兵和农民垦种荒地，以达到戍边和保证军需之目的。屯田有军屯、民屯之分，军屯由士兵屯垦，民屯则多由招募来的流亡农民进行屯垦。屯田农民要按军事编制组织起来，由政府进行管理，分别不同情况按比例向官府缴纳收获物，但不再负担兵役。屯田制其实是一种封建的土地国有制，屯田军民只有土地使用权。东汉光武帝时，屯田使得各地兴修水利、广垦田地，粮食丰收、国库充盈，百姓的田租曾一度减至三十税一。曹操全面实施屯田政策，保证了军粮供应，为其统一中原奠定了物质基础。到了西晋，屯田制遭到破坏后，实行了占田制，允许农民占垦荒地，并根据高低不同的品级，对官员可占有的田亩数量进行了限制。占田制名义上是限制官僚士族的特权，但其实是确认和保护官僚士族已占到大量土地和劳力的既成事实，是一种既保证政府收入又保护官僚士族特权的土地制度。

到了北魏时期，由于战乱、北人南迁等原因，社会上有大量无

---

① 钱穆. 中国经济史[M]. 北京：北京联合出版公司，2014：85.

主荒地。为保证国家赋税收入和徭役征发，北魏于485年颁布了具有里程碑意义的均田令，其原则乃所有的田土为皇帝所有，个人只因钦许而有使用权：每一男丁15岁以上受田40亩，妇人减半，奴婢及丁牛又有附加，以上系供耕种米麦之用，老免及身没归还政府。其他种植桑麻蔬果之田土另为一畴，可以继承且在限制之内得以买卖。[①] 北魏推行的均田制，实质上是把封建国家手中掌握的一定数量的土地分配给农民，农民向国家缴纳租税，并承担一定的徭役和兵役。均田制在不触动地主土地的条件下，使农民得到一定土地，并对土地买卖和土地兼并进行限制，比较好地处理了国家与地主、农民的关系，促进了农业生产的恢复发展，增加了国家赋税收入。

在隋唐年间，均田制得到了进一步发展。唐朝实行了"均田租庸调法"，即以均田制为基础实施的"有田则有租，有家则有调，有身则有庸"的赋役制度。具体来说，21～60岁的男子，每人每年向国家缴纳粟2石，叫作租；绢2丈、绵3两，或布2.5丈、麻3斤，叫作调；服役20天，如不服徭役，可以纳绢代替，每天折绢3尺，叫作庸。如果超期服役，超过15天，免缴调；超过30天，租、调全免。[②] 该制度不以田为主，而是以人丁为主，也就是"认人不认田"。农民到18岁时，凭账簿、"团貌"等簿册查核无误后，才

---

① 黄仁宇. 中国大历史[M]. 北京：生活·读书·新知三联书店，2007：107.
② 吕思勉. 中国通史[M]. 北京：外文出版社，2012：94.

可由政府授田，到60岁时则将田归还政府。显然，这一制度非常倚重户籍人口调查管理进行配套。当时建立了比较完善的"乡账"制度，即由乡而报县，由县而报州，由州而报户部，规定每年一造账（人丁册），三年一造籍（户口册）。

钱穆认为，租庸调制可谓中国历史上赋税制度之中最好者，论轻徭薄赋，亦当以唐代为最。[①] 黄仁宇也认为，唐朝的租庸调制以100亩田土为基数，赋役负担是很轻的，所以在最初100年内，人户的登记不断增长，国家仓廪库藏也愈为充实，上下之间呈现一片和谐融洽的景象。[②] 但在制度的长期实施中，租庸调制的弊端也不断显露出来：一是制度实施成本过大。制度之所以能推行，全要靠账簿户籍的统计清查。如果账籍不清，此制度便难以推行。在当时的行政能力和条件下，特别是当制度实施一段时间后，账籍管理便成问题，分田亦随之有困难，更不可能做到"添丁必授田，减丁必还田"。二是耕地的增加满足不了人口增长的需要。在朝代建立初期，有大量的荒芜土地可资分配，但社会稳定下来后，人口增长比较快，而土地却越来越稀缺，时间越久矛盾越突出。三是土地兼并不可避免。按照均田制，在所授田地中，永业田可传子孙，口分田到年老后归还政府，永业田和口分田均不许买卖。在制度具体实施

① 钱穆. 中国经济史[M]. 北京：北京联合出版公司，2014：195.
② 黄仁宇. 中国大历史[M]. 北京：生活·读书·新知三联书店，2007：116.

中，政府一方面把大量田地分配给贵族和官员，另一方面允许农民在一定条件下售卖田地。在农民迁徙他乡或家中有人死亡而无钱下葬时，允许其售卖永业田。口分田照例不可卖，不过也有例外，比如政府为奖励农民从地狭人众的狭乡迁往地广人稀的宽乡时，就准许其售地以作搬家之用。由于上述这些原因，再加上诸如非法买卖田地、豪强霸占农民田地等行为，土地兼并随着时间的推移愈演愈烈。特别是经安史之乱与荒年后，朝廷掌控的户口数锐减，由唐玄宗时的900多万户减至唐代宗时的130万户，[①] 国家财政濒临崩溃，最终导致唐王朝不得不放弃均田制和租庸调制。

（二）从唐代中叶至宋元时期，地主土地所有制得到进一步确立和巩固

在这一时期，国家对地主占有田地的限制有所放松，土地兼并加剧，地主土地所有制得到了比较充分的发展，土地占有也从依靠政治权力向依靠经济权力转变，租佃关系在社会经济生活中发挥着越来越重要的作用，逐步在地主与农民之间的关系中占据了主导地位，较为完全的土地私有制开始确立起来。

安史之乱后，为挽救王朝危机，缓解国家财政燃眉之急，唐代宗于大历元年（公元766年）下诏：凡天下苗一亩须缴税十五钱。

---

① 刘正山.大国地权：中国五千年土地制度变革史[M].武汉：华中科技大学出版社，2014：187.

因国家需钱救急，不能等秋收时才征税，青苗时即须征收，故号称"青苗钱"。又每亩收"地头钱"二十钱，亦通称"青苗钱"。此即唐代按亩征税之开始，至唐代宗大历五年（公元770年）已成定制。夏季上田亩税六升，下田亩税四升；秋季上田亩税五升，下田亩税三升。青苗钱则每亩较前加征一倍。此种夏、秋两季分征之法，即两税制实行之先声。①

唐德宗建中元年（公元780年），宰相杨炎建议推行两税法，即以户税和地税来代替难以为继的租庸调制，且每年分夏、秋两次征缴。其主要内容为：不分主户（本贯户）、客户（外来户），一律编入现居住州县户籍，就地纳税；取消租庸调及各项杂税，仅保留户税和地税；遵循"量出为入"的原则，即政府需用多少钱即预定收多少钱；依据财产多寡划分户等，户税按户等高低征收，户等高的出钱多，户等低的出钱少；以唐代宗大历十四年（公元779年）的垦田数为准，地税按亩征收谷物；无论户税和地税，都分夏、秋两季征收，夏税限六月纳毕，秋税限十一月纳毕；对不定居的商贾征税三十分之一（后改为十分之一），使与定居的人负担均等。两税法适应了均田制遭到破坏后的社会经济现实，克服了租庸调制的弊端，不管主户、客户，只要略有资产，一律纳税，"认田不认人""唯以资产为宗"，确保了国家财政收入的有效筹集。

---

① 钱穆. 中国经济史[M]. 北京：北京联合出版公司，2014：206.

租庸调制与两税法的比较如表1-1所示。

表1-1 租庸调制与两税法的比较[①]

	租庸调制	两税法
土地产权	政府对民授田，土地不可买卖	政府不再授田，土地可自由买卖
征税原则	税额固定，人民较有预算	税额不定，符合实际（"量出为入"）
征收项目	分田赋、力役和贡品，税项分明	分户税和地税，手续简化
课税对象	有主户、客户之分，迁徙后仍须向原籍缴税	不分主户、客户，一律在定居地登记，按户等缴税
征税次数	每年征收一次	每年分夏、秋两季征收
课税形式	以实物缴纳	"以钱谷定税，临时折征杂物"

杨炎所创的两税法虽为国家敛财开了方便之门，但也存在加剧贫富悬殊、利商不利农等弊端。历史上对这一制度创新褒贬不一，可以说是毁誉参半。不过，需要注意的是，两税法不仅在宋元时期沿用，而且其影响一直延续到民国时代，是我国古代赋税及土地制度的重要分水岭。由两税法引起的土地制度的变化主要有：一是"量出为入"，在只关注国家税入而不思公平分配等原则的指导下，两税法改租庸调制授田征租之制，而行征租不授田之制。这实际上是放弃了限田、均田的政策，也就取消了对地主占田的限制。之后，虽然在产

① 刘正山. 大国地权：中国五千年土地制度变革史[M]. 武汉：华中科技大学出版社，2014：189-190.

权上还有公田、私田之分，但私田已经占据了主导地位。二是两税法以田亩为主，属于资产税的范畴。在"以丁身为本"的租庸调制下，不管地主、贫民，都要向国家缴纳一样的税。两税法推行后，没有土地而租种地主土地的人，就只缴户税，不缴地税。同时，由于奉行的是"唯以资产为宗"，国家逐步放松了对农民人身的控制，使得佃农身份合法化，我国历史上租佃制的普遍化也正是从这个时候开始的。租佃制的普遍化，为我国地主土地所有制的发展创造了必要条件。

钱穆认为，唐代两税法以前在涉及土地分配及所有权等土地问题上有较大变化；而两税法以后，却不再讨论土地问题，只是政府如何征收赋税而已，只是事务而非政制，成为一个技术性问题。宋朝开国后，实行的是均税政策，已非均田政策了。为使人民公平分担田租，宋代政府推行了"方田制"，要求重新测量土地，力求准确。但因地方上有势力者舞弊，效果有限。[①] 同时，宋太祖倡导"藏富于民"的思想，一改过去抑制土地兼并的政策，推行比较自由的土地买卖和民间借贷政策。在这样的政策下，地主豪强不断兼并土地，并采取各种办法隐瞒实际拥有的土地，导致国家财政收入锐减、赤字严重，造成了国家"积贫积弱"的局面。宋神宗即位后，起用了王安石，发动了历史上著名的以发展生产、富国强

---

① 钱穆. 中国经济史[M]. 北京：北京联合出版公司，2014：251，262.

兵、挽救政治危机为目的的"王安石变法"。在土地政策方面，变法主要是抑制豪强地主的兼并势力，扶持广大农民从事劳作、发展生产。比如，青苗法规定，每年二月、五月青黄不接时，由官府给农民贷款、贷粮，每半年取利息二分或三分，分别随夏、秋两税归还，减轻了地主高利贷对农民的盘剥。又如，方田均税法要求清丈全国土地，核实土地所有者，并将土地按土质的好坏分为五等，作为征收田赋的依据，限制了官僚和豪绅大地主的隐田漏税行为。再如，募役法规定，原来按户轮流服差役的改为由官府雇人承担，不愿服差役的民户（官僚地主也不例外）则按贫富等级缴纳一定数量的钱，这样使得农民从劳役中解脱出来，保证了劳动时间。变法实施后，财政收入迅速增加，国库随之充裕。但由于变法中增加的财政收入更多的是以青苗、募役等名目"加赋"的结果，是对地主、商人、农民之利的夺取，客观上损害了社会各阶级、各阶层的利益，引起了反对派的强烈反对，再加之急于求成、急功近利及政策执行不力等原因，变法很快就归于失败。

元朝建立后，蒙古统治者除没收金朝和南宋的官田外，还占领了大量荒田，掠夺了大量民田，开垦了新的屯田。对这些土地，除一部分官田直接由政府管理外，大部分都用来赏赐王公、贵族、功臣、寺观等。许多汉族地主投降元朝后继续保有自己的田产，受到的损失比较小，有些江南大地主甚至兼并了更多的土地。元代各类特权地主队伍扩大，地主阶级的封建特权到达顶峰，农民阶级社会

地位急剧下降，土地不断集中。[①] 元世祖时，还发动农村组织农社，即凡农村中有50家者组成一社，100家者组成两社。如一村落中不足50家者，则将两个或三个小村落组成一社；如村与村之间相距太远，则20家亦可组成一社。在农社中，如有农家遭遇疾患、天灾、劳力不足、耕牛死亡等，则可由其他各家给予协助，各农社之间也可视情互相开展协助。农社的建立，实在是一种良好互助的经济合作制度，也是一种农村自治。[②]

（三）在明清时期，地主土地所有制通过管理制度创新得到充分发展

在这一时期，土地管理制度持续创新，土地交易市场买卖活跃，租佃关系发达，以租佃的田地所有权与田面使用权相分离为特点的永佃权日益流行，国家更加注重运用赋税政策等经济手段调整国家和地主、地主和农民的关系，为中小地主阶层和土地私有制发展创造了比较宽松的环境。

明朝建立后，土地管理延续了以前的制度，"多因前代旧制"。为加强地方社会治理和对土地的管控，从而夯实封建统治的基层基础，形成以安分守法的地主富民为乡村领导层的社会经济政治秩序，开国皇帝朱元璋把土地人口管理和基层组织创新结合起

① 蒲坚. 解放土地：新一轮土地信托化改革[M]. 北京：中信出版社，2014：136.
② 钱穆. 中国经济史[M]. 北京：北京联合出版公司，2014：258-259.

来，推行了"黄册""鱼鳞册"两种册籍和里甲制度。

明代的"黄册""鱼鳞册"，事实上就是户口册和土地册。如果不考虑其间具体技术方法的变化，这两种册籍一直沿用至民国。"黄册"即户口册，洪武十三年（公元1380年）为平均徭役开始造订，册首先注明户籍何属，分为军、民、匠、灶等，然后写明田地、房产、牛只等，并详列"旧管"（原来登记的户口）、"新收"（新出生或迁入的户口）、"开除"（死亡或迁出的户口）、"实在"（目前实有的户口）四柱。"鱼鳞册"又称"地亩册"，以田地为主，把各田亩之方圆绘成图表，注上田主之名及田之丈尺"四至"（东西南北之边界），并详列田土类别及具体田质，是国家在征收田赋时的依据。为适应社会经济发展的变化，"黄册""鱼鳞册"都是每隔十年重新编造。

里甲是洪武十四年（公元1381年）朱元璋在全国推行的基层组织形式，农村社会原有的基层组织基本上被整合到里甲制度框架中。关于里甲制度的编制方法，很多学者都认为定制是以110户为1里。具体来说，就是每110户编为1里，由其中丁粮最多的10户担任里长，其余100户则称为甲首。10名里长根据丁粮多寡以10年为一个周期轮流应役，每年由1名里长率领10名甲首充当差役，并负责"管摄一里之事"。各里中无力承担差役的鳏寡孤独人户，被称为畸零户，带管于110户之外。在江浙、南直隶等田赋数额较多的地方，朱元璋还下令设置了粮长制度，朝廷征收的田租由粮长分配给里长催征。粮长的编设，是"以万石为率，其中田土多者为粮长，督其乡之赋税"。在各地运行中，里甲制度虽然框架上要求保持全国大体一致，但却具有很大的包容性，能够与各地原来的社会关系和社会组织形式相融合。比如，在江南的长三角地区，租佃活动比较盛行，就由当地的中小地主担任里长，管摄佃农和自耕农，而不包括超过里甲制度包含范围的比较有势力的地主豪强。又如，在华南的珠三角地区，由于当地的宗族势力比较大，里甲制度就以宗族组织为基础加以实施。当然，里甲制度的作用并不限于赋役的催征，每个里甲实际上是一个有很强集体认同感的基层组织或合作社区，承担着社会教化、基层治理、行政管理等公共职能。

理论上讲，"鱼鳞册为经，土田之讼质焉。黄册为纬，赋役之法定焉"，"鱼鳞册"和"黄册"经纬结合，[①] 再加之里甲制度，三大制度相互配合、相辅相成，构成土地制度、户籍制度、赋役制度以及基层社会治理高度融合的有效机制，强化了国家对基层社会的管控，能够实现多重目标。不过，这些制度的有效运行，都是以静态且相对封闭的社会态势为前提的，有点类似于我国改革开放前以社队为基础的农村社会。但随着社会经济的发展，人口流动、土地交易必然日趋兴旺活跃，僵硬的管理制度自然会显得越来越脱离实际。加之地方官吏的营私舞弊、唯利是图，通过"诡寄""飞

---

① 刘正山. 大国地权：中国五千年土地制度变革史[M]. 武汉：华中科技大学出版社，2014：220.

洒""虚悬"等方式逃避赋税的越来越多，最终导致实际的人数和田亩与登记造册的数字差异越来越大。当时，甚至出现了"一里之地，满县纷飞，满县之田，皆无定处"，"奸豪吞并，单弱流亡，里或止二三甲，甲或止一二户，甚至里无一甲、甲无一户者有之"等现象，鱼鳞册名存实亡。在这样的情势下，一方面里长很难掌握田土的真情实况，也就不能有效实施管理和征收赋役；另一方面土地兼并严重，贵族地主、官僚地主不仅占有大量土地，还可享受优待，赋税的压力最终自然落到中小地主和底层群众的身上，中小地主日趋没落，严重影响了里甲制度的有效实施。

到明代中期，以里甲制度为主干的赋役制度积重难返，百姓承受的各种徭役杂派愈益繁重，而国家财政汲取能力不断降低，财政越来越入不敷出。有鉴于此，不少官员为保证国家赋役，提出了"一条鞭法"的建议，要求把赋与役合并为一，即丁（人口役）与粮（田租）合一，并把征集重心由户丁转向田亩。比如，明世宗嘉靖十年（公元1531年），大臣傅汉臣上奏曰："顷行一条鞭法，十甲丁粮总于一里，各里丁粮总于一州一县，各州县总于府，各府总于布政司，布政司通将一省丁粮均派一省徭役。每粮一石审银若干，每丁审银若干，斟酌繁简，通融科派，造定册籍，行令各府州县永为遵守，则徭役公平而无不均之叹矣。"[1]

明神宗万历九年（公元1581年），张居正在全国推行"一条鞭

---

[1] 钱穆. 中国经济史[M]. 北京：北京联合出版公司，2014：266.

法"。主要内容有：①清丈田亩。"验田认粮，遂得一县田清和税均"，清查出了不少瞒报的田地，重新编制了鱼鳞册。这次编制的鱼鳞册比较精密完备，清入关后所用的《赋役全书》也据此编纂。②赋役合并。之前赋以田亩纳课，役以户丁征集，此外还有名目繁多的杂派，现在化繁为简，全部合并征收，将部分丁役摊入田亩，按照田亩和人丁分摊赋税，并改力役为雇役，由政府雇人应役。③计亩征银。除苏杭等少数地区征实物以供皇室之用外，其余实物改为以银折纳。④官收官解。改赋役课征由里长、粮长办理为地方官吏直接征收并解缴入库，征收方法更加科学有效。

从历史发展的角度看，除了简化征收手续、官民两便外，推行"一条鞭法"的积极意义还在于：一是缓解了社会不公问题。随着土地兼并的加剧，各里之间土地多寡悬殊，负担越来越不平衡，社会矛盾突出。"一条鞭法"实施后，赋役统筹范围由里甲扩大到州县，有利于解决里别之间民户负担畸轻畸重的问题，调动了农民发展农业生产的积极性。二是农民获得比较多的人身自由。变法后，赋役征集不再需要里长、粮长，这在客观上动摇了里甲制度存在的重要基础，导致了"画地为牢"社会秩序日渐式微，松动了因徭役制形成的农民对封建国家的人身依附关系，农民拥有了更多的人身自由和职业选择。三是促进了商品货币经济的发展。征实物改为征银，力役可由纳银代替，还有在农民人身解放后出现的自由雇佣制，这些都为发展工商业和商品生产创造了条件。四是改革创新了财税管理制度。从赋税来看，"一条鞭法"的实施，推动了户丁税向地亩税的过渡，以及实物税向货币税的转变。从预算管理来看，由于货币特别是白银作为基本的征纳支付手段，对预算安排有了量化的计量标准，有利于对预算加强管理。事实上，现代预算管理的观念大致自此萌芽，并在实践中得到发展。

清朝初期，名义上延续了明朝的"一条鞭法"，不过事实上实行的是"一条鞭法"加"丁银"。丁银即按人丁征收税银，而不论其贫富如何，存在明显的社会不公，导致无地少地的普通农民承担了丁银的大部分负担。一些不堪重负的农民背井离乡，不少地方人丁"逃亡过半"甚至"逃亡者十之九"。康熙后期土地兼并严重，"一邑之中，有田者十一，无田者十九"，引发了大量人口的流动。这些既加剧了社会矛盾，不利于社会稳定和封建统治，又使得国家财政收入越来越难以保证。针对存在的问题，雍正在过去以及一些地方实践的基础上，采取了"摊丁入亩"（又称"摊丁入地"或"地丁合一"）的改革举措，把丁银全部摊入土地田赋中一并征收，地多者多纳，地少者少纳，无地者不纳。"摊丁入亩"废除了人头税，变成了完全的地亩税，解决了长期以来地、户、丁等赋役混乱的问题。由于人丁不再是征税对象，政府放松了对人口的控制，农民不再被强制束缚在土地上，可以在各地自由迁徙，促进了城镇工商业和资本主义萌芽的发展，"不在乡地主"人数日益增加。同时，为发展工商业，融通资金，土地交易与农民自由迁徙相

适应，土地租佃及买卖交易比较活跃。当时，诸如一田二主或多主的比较复杂的土地产权安排普遍发展，由佃农在开始承佃田地之时向地主交纳一定数量押金的押租制渐次流行起来，南方经济较为发达的江苏、江西、福建、广东、浙江、安徽等省盛行永佃权。总的来看，清代的"摊丁入亩"改革是相当成功的，缓和了社会矛盾，促进了封建土地私有制的发展，夯实了封建统治基础。

三、清末民初至新中国成立前的土地制度改革

鸦片战争以来，随着民族、社会矛盾的不断激化，攸关亿万农民利益的土地制度，各方都很关注，也是很多政治力量主张并欲推进的社会经济改革的重点。

（一）太平天国时期的《天朝田亩制度》

太平天国是清朝后期由农民起义创建的农民政权，提出的土地主张主要反映了千百年来农民的强烈愿望，比如要求废除封建地主土地私有制，建立"有田同耕，有饭同食，有衣同穿，有钱同使，无处不均匀，无人不饱暖"的理想社会。这些良好愿望，集中反映在其革命纲领《天朝田亩制度》里。《天朝田亩制度》明确宣布，世界上一切土地归"上帝"所有，每个人都可以从"上帝"那里取得一份土地。[1] 按照"凡天下田，天下人同耕"的原则，把每亩土地按每年产量的多少，分为上、中、下三级九等，然后好田、坏

① 蒲坚. 解放土地：新一轮土地信托化改革[M]. 北京：中信出版社，2014：137.

田互相搭配，好坏各一半，按人口进行平均分配。凡16岁以上的男女每人得到一份同等数量的土地，15岁以下则减半，并提出"丰荒相通""以丰赈荒"的调剂原则。同时，还提出由农村基层组织"两"来进行管理，每25户农户为一"两"，"两"生产的农副业产品，每户留足口粮后，都要收归国库。25户中的婚丧嫁娶等事所需钱粮，均由"两"所设的国库开支，鳏寡孤独等丧失劳动能力的人也由国库供养。显然，以上这些制度设想追求的是绝对的平均主义，反映的其实是农民作为小生产者的幻想，在当时的生产力条件下根本不可能实现。

（二）孙中山的土地思想和改革主张[①]

"平均地权""耕者有其田"等土地改革主张，是孙中山民生主义思想的核心，也是他用来解决土地问题的关键方法。孙中山认为，"欲求生产分配之平均，亦必先将土地收回公有，而后始可谋社会永远之幸福也"。为实现"地尽其利，地利共享"的平均地权目标，孙中山设想了四项土地国有化的具体措施，即"规定地价""照价征税""照价收买""涨价归公"。"涨价归公"，即"其现有之地价，仍属原主所有；其革命后社会改良进步之增价，则归于国家，为国民所共享"，是上述四项政策的核心。1923年，他

---

① 刘正山. 大国地权：中国五千年土地制度变革史[M]. 武汉：华中科技大学出版社，2014：268-270.

在广州聘请单维廉为顾问，拟订了《土地登记测量及征税条例草案》，规定土地增值税当为100%，即"土地所有之增价，当征其全数，归诸公家"。这些思想实际上要求以税收的形式代替过去的地租，国家能够征税凭借的是土地所有权，国家征税的过程也正是土地国有的过程。

1924年以后，孙中山重新认识了农村土地问题的严重性和迫切性，"中国以农立国，而全国各阶级所受痛苦，以农民为尤甚"。中国国民党第一次代表大会通过的宣言，明确提出"国民党之主张，则以为农民之缺乏田地沦为佃户者，国家当给以土地，资其耕作"。当中体现的是"耕者有其田"的思想。孙中山还主张效仿苏俄，认为"俄国改良农业政治之后，便推翻一般地主，把全国的田地，都分给一般农民，让农民耕者有其田，耕者有了田，只对于国家纳税。另外，便没有地主来收租钱，这是一种最公平的办法。我们现在革命，要仿效俄国这种办法，也要耕者有其田，才算是彻底革命"。在具体方法上，他强调土地所有权归国家，由国家授田给无地或少地的农民，农民只拥有使用权，并向国家缴纳税收。1924年11月，孙中山在北上前夕签署了"二五减租"令，即"减少农民现纳租税——从百分之五十中减少百分之二十五"，以此作为实现"耕者有其田"目标的一个重要步骤。孙中山去世后，国民党实施了较为具体的"二五减租"政策，规定地租减低至不超过总收获的37.5%。由于国民党没有足够的行政执行力，且政策取向侧重于增加政府财力，一些政策又近似杀鸡取卵，"减租无由""增税有着"，扶植自耕农等措施也收效甚微，导致国统区土地关系恶化，农业生产显著衰退，整个土地改革总体上比较失败。

（三）中共早期的土地改革探索

中国共产党历来重视土地问题，认为土地问题是中国革命必须解决的基本问题。毛泽东同志在延安回答美国记者埃德加·斯诺提问时曾说："谁赢得了农民，谁就会赢得中国；谁能解决土地问题，谁就会赢得农民。"[1] 早在1921年7月中共"一大"通过的《中国共产党纲领》中，就旗帜鲜明地规定：消灭资本家私有制，没收机器、土地、厂房和半成品等生产资料，归社会公有。这实际上是要求对土地等生产资料实行公有制，应该说从一开始中共土地政策的所有制取向就是十分明确的。1925年10月，中共发表了《中国共产党告农民书》，第一次提出要解决农民的土地问题，认为实行"耕地农有"是解除农民困苦的根本办法。1927年中共八七会议提出，没收大地主及中地主的土地。1928年12月，湘赣边界工农兵政府颁布了《井冈山土地法》，规定"没收一切土地归苏维埃政府所有"，"以人口为标准，男女老幼平均分配"，主要"以乡为单位分配"，这是中共历史上第一个土地法令，也是中国历史上第一个彻底否定封建土地所有制的土地法令。1929年4月，毛泽东

---

① 甘藏春. 社会转型与中国土地管理制度改革[M]. 北京：中国发展出版社，2014：22.

在江西兴国县主持制定了《兴国土地法》，把《井冈山土地法》中"没收一切土地"的规定改为"没收一切公共土地及地主阶级的土地"。毛泽东后来认为这一改正"是一个原则的改正"。[①]

伴随土地革命的不断深入，中共的土地政策得到了不断完善，到1931年年初时基本形成了一套比较符合实际的土地革命路线、方针和政策。比如，依靠贫农雇农，联合中农，限制富农，保护中小工商业者，消灭的只是地主阶级；变封建地主土地所有制为农民土地所有制，不禁止土地租佃和买卖；以乡为单位，按人口平均分配土地，在原耕地基础上，抽多补少，抽肥补瘦，地主也同样分得一份土地；等等。后来，受以王明为代表的"左"倾教条主义的影响，土地政策出现了一些偏差，比如规定"地主不分田，富农分坏田"，把大量中农特别是富裕中农错划为地主、富农，不实事求是地扩大打击面。直到1935年遵义会议召开，清算了王明"左"倾教条主义后，土地革命路线方针才回归正轨。抗日战争全国爆发后，国共开始了第二次合作，中共把发展抗日民族统一战线与解决农民土地问题结合起来，保留地主土地和财产的私有权，实施"地主减租减息、农民交租交息"的政策。有意思的是，"二五减租"政策虽然由孙中山提出，但在实施中，共产党却比国民党取得了更好的

---

① 温锐. 近代中共的平分土地政策与农民权益保障的再认识[C]//蔡继明, 邝梅. 论中国土地制度改革：中国土地制度改革国际研讨会论文集. 北京：中国财政经济出版社, 2009：507.

效果，不仅改善了广大农民的生活，提高了农民抗日与生产的积极性，同时也缓和调整了农村中的阶级关系，巩固了抗日民族统一战线，为彻底消灭封建势力和以后实行土地改革积累了经验。[①]

抗战胜利后，随着全面内战的爆发，中共的土地政策再次发生了重大转变，基本上回到1931年年初的方针政策上。1946 年5月4日，中共中央召开了一次研究土地问题的专题工作会议，通过了《中共中央关于土地问题的指示》（简称"五四指示"）。"五四指示"针对不同对象，采取不同政策。比如，对于地主，要求没收其土地并分配给农民；对于富农，要求一般不变动富农的土地，不能不有所侵犯时，亦不要打击太重，应着重减租而保存其自耕部分；对于中农，要求坚决用一切方法吸收中农参加运动，并使其获得利益，绝不可侵犯中农土地。凡中农土地被侵犯者，应该设法退还和赔偿。具体执行"五四指示"时，坚持实事求是、因地制宜。比如，在国民党统治比较薄弱的地方，基本按照"五四指示"要求实施政策；在国民党统治基础比较好的地方，则尽可能不从根本上触及地主、富农等的利益，而是实施减租减息的政策。

1947年9月，中共在河北省石家庄市西柏坡村举行全国土地会议，通过了《中国土地法大纲》(以下简称《大纲》)。《大纲》继承和发展了"五四指示"中把地主土地分配给农民的政策，体现了

---

① 蒲坚. 解放土地：新一轮土地信托化改革[M]. 北京：中信出版社，2014：139.

土地改革的总路线，是一个彻底消灭封建地主土地所有制的纲领性文件，对调动农民投身革命和生产的积极性，取得战争最后胜利起了决定性作用。从具体内容看，为彻底消灭封建的地主土地所有制，《大纲》规定，"废除封建性及半封建性剥削的土地制度，实行耕者有其田的土地制度"，"废除一切地主的土地所有权"，"废除一切祠堂、庙宇、寺院、学校、机关及团体的土地所有权"，"废除一切乡村中在土地制度改革以前的债务（系指土地改革前劳动人民所欠地主、富农高利贷者的高利贷债务）"。为依靠群众、发动群众，充分体现民主精神，《大纲》规定，"乡村农民大会及其选出的委员会，乡村无地少地的农民所组织的贫农团大会及其选出的委员会，区、县、省等级农民代表大会及其选出的委员会为改革土地制度的合法执行机关"，"为保证土地改革中一切措施符合于绝大多数人民的利益及意志，政府负责切实保障人民的民主权利，保障农民及其代表有全权得在各种会议上自由批评及弹劾各方各级的一切干部，有全权得在各种相当会议上自由撤换及选举政府及农民团体中的一切干部"。关于分配的政策和办法，除若干特殊的土地及财产另做规定外，《大纲》规定，"乡村中一切地主的土地及公地，由乡村农会接收，连同乡村中其他一切土地，按乡村全部人口，不分男女老幼，统一平均分配，在土地数量上抽多补少，质量上抽肥补瘦，使全乡村人民均获得同等的土地，并归各人所有"，"地主及其家庭，分给与农民同样的土地及财产"，"土地分配，以乡或等于乡的行政村为单位，但区或县农会得在各乡或等于乡的各行政村之间，做某些必要的调剂。在地广人稀地区，为便于耕种起见，得以乡以下的较小单位分配土地"。为防止出现"左"的倾向，侵犯中农的利益，中共中央还在《大纲》中注明，"在平分土地时应注意中农的意见，如果中农不同意则应向中农让步，并容许中农保有比较一般贫农所得土地的平均水平为高的土地量"。为提高管理能力，使得制度改革能够落到实处，《大纲》规定，"在土地制度改革期间，为保持土地改革的秩序及保护人民的财富，应由乡村农民大会或其委员会指定人员，经过一定手续，采取必要措施，负责接收、登记、清理及保管一切转移的土地及财产，防止破坏、损失、浪费及舞弊"。此外，对于农民分到的土地及财产，《大纲》中体现了"地权农有"或"耕地农有"的思想。比如，《大纲》规定，"分配给人民的土地，由政府发给土地所有证，并承认其自由经营、买卖及在特定条件下出租的权利"，"保护工商业者的财产及其合法的营业，不受侵犯"，"在本法公布以前土地业已平均分配的地区，如农民不要求重分时，可不重分"。

四、新中国成立以来土地制度的变迁

新中国成立前后进行的土地改革是中国历史上最激烈和最重大的一场土地革命，它对土地进行存量再分配，是以现代革命方式推行彻底的新均田制，是两千多年来第一次在全中国范围内空前彻底

地全面实现了"耕者有其田"的理想。① 之后，适应党和国家事业的发展，土地制度经历了几次重大改革调整，不断推动着我国工业化、城市化和农业现代化的发展。

（一）1949～1952年新中国成立初期的土地改革，农村确立农民土地所有制，城市实施土地国有化

这一时期，国家颁布了起临时宪法作用的《中国人民政治协商会议共同纲领》（1949年）以及《中华人民共和国土地改革法》（1950年）等重要法规，在全国通过对封建地主的无偿没收和旧式富农土地的有偿征收，将土地分给无地或者少地的农民，废除了地主土地私有制，确立了农民土地所有制，实现了"耕者有其田"。到1952年年底，土地改革运动在全国范围内基本完成。土地改革中获得经济利益的农民占农业人口的60%～70%，全国得到土地的农民约3亿人，约有7亿亩土地分给农民。② 土地改革后的农户土地产权和家庭经营核算，极大地调动了农民从事农牧渔业生产的积极性。和1949年相比，1952年粮食产量增长44.79%，超过新中国成立前最高产量9.27%；棉花产量增长93.25%，超过新中国成立前最高产量一半以上；除油菜籽和花生外，其他农业产品都超过了新中国成立前的最高产量；牲畜和畜产品方面，大牲畜增长了27.39%，

① 王至元. 现代中国农村土地制度的三次变革和深化改革的思路[C]//蔡继明，邝梅. 论中国土地制度改革：中国土地制度改革国际研讨会论文集. 北京：中国财政经济出版社，2009：511.

② 蒲坚. 解放土地：新一轮土地信托化改革[M]. 北京：中信出版社，2014：141.

超过新中国成立前最高产量6.92%，猪羊的产量也分别提高55.45%和45.88%，其中猪的产量为新中国成立前最高年份的114.31%，而羊的产量则接近新中国成立前最高年份。Lippit曾估计中共执政前中国农民通过田赋和地租提供的剩余占农业总产出的30%左右。传统中国农业剩余的主要部分即地租（加利息），却在土地改革中被全体农村人口平分掉了。按照Lippit关于农业剩余为30%的估计，在中共第一次土地改革后，除农业税外，至少有20%的农业总产品落到农民手中。①

随着新均田制的迅速推进，一些问题和矛盾不断浮现出来。比如，土改之后的个体土地产权和家庭经营方式充分调动了农户积极性，显著促进了新中国成立之初的农业发展，但是随后出现了个体农民之间的贫富分化。② 有的同志甚至担心会再次出现类似历史上土地兼并的问题。又如，当时很多贫下中农虽然分到了土地，但缺少其他生产资料，再加上有的地方自然灾害频发，靠独户单干开展农业生产客观上的确比较困难。还有，新中国成立初期，面对国际敌对势力的挑战，我国亟须推进国家工业化，亟待建立完整的工业体系，这些又离不开农业剩余积累的支持，需要加快发展农业。

---

① 刘正山. 大国地权：中国五千年土地制度变革史[M]. 武汉：华中科技大学出版社，2014：317.

② 王至元. 现代中国农村土地制度的三次变革和深化改革的思路[C]//蔡继明，邝梅. 论中国土地制度改革：中国土地制度改革国际研讨会论文集. 北京：中国财政经济出版社，2009：511.

实际上，差不多在实施土地改革的同时，一些农业互助组织也得到了发展，这为后来的农业合作化运动提供了基础条件。早在新中国成立前，革命老根据地、解放区就开始出现农业互助组织，比如江西的劳动互助社和耕田队，陕北的变工队，华北、华东和东北地区的互助组。到1949年，互助组在华北、东北等地有了较大发展。其中山西省的互助组有8.8万个，参加的农户达48万户，占全省农户总数的17%；黑龙江省的互助组有24.6万个，参加的农户为108万户，占全省农户总数的65%。新中国成立后，随着土地改革的完成和爱国丰产运动高潮的兴起，农业生产互助组也更加广泛地发展起来。据统计，1950年，全国有农业生产互助组272.4万个，参加的农户为1 131.3万户，占农户总数的10.7%。[①] 1951年12月，中共中央通过的《关于农业生产互助合作的决议（草案）》明确指出，农业互助合作的形式有临时互助组、常年互助组和农业生产合作社等。1951年，全国的农业生产互助组增加到467.5万个，1952年为802.6万个，1953年为745万个。[②] 这些农业生产互助组都是在农民自愿互利的基础上发展起来的，解决了当时农户单打独斗中存在的问题，促进了劳动生产率的提高和农业产量的增加。

在城市，通过没收外国资本、官僚资本、原国民党政府和敌对

① 武力，隋福民. 中国农业经济合作历史的阶段比较研究[C]//蔡继明，邝梅. 论中国土地制度改革：中国土地制度改革国际研讨会论文集. 北京：中国财政经济出版社，2009：522.

② 蒲坚. 解放土地：新一轮土地信托化改革[M]. 北京：中信出版社，2014：141.

分子占有的土地，对市区中小资本占地采取先保护后赎买渐变为国有土地，国家常年以定价征地不断扩大国有土地等方式，有条不紊地推进土地国有化。同时，国家对城市用地实施行政划拨制度，基本上是把国有土地无偿、无限期地让公共部门和单位使用。1954年，我国颁布了新中国第一部《中华人民共和国宪法》（以下简称《宪法》），对生产资料，特别是土地制度做了相关规定。①关于包括土地在内的生产资料制度，《宪法》第五条规定："中华人民共和国的生产资料所有制现在主要有下列各种：国家所有制，即全民所有制；合作社所有制，即劳动群众集体所有制；个体劳动者所有制；资本家所有制。"②对于土地和房屋，《宪法》的有关条款是这样规定的：国家依照法律保护农民的土地所有权和其他生产资料所有权；国家保护公民的合法收入、储蓄、房屋和各种生活资料的所有权；矿藏、水流，由法律规定为国有的森林、荒地和其他资源，都属于全民所有。

（二）1953年~20世纪70年代末的社会主义改造和探索时期，确立农村集体土地所有制和建立国家建设征用土地制度

1953~1957年，我国先后出台了《关于发展农业生产合作社的决议》（1953年）、《农业生产合作社示范章程草案》（1955年）、《高级农业生产合作社示范章程》（1956年），进行了将农民土地私有制变为土地的集体所有制的农业合作化运动。第一步是建立互助组，在土地和其他生产资料私有制及分散经营的基础上实行劳动互助。第二步是组建初级农业合作社，在土地及其他生产资料私有的条件下实行土地入股，按股分红，统一经营，集中劳动，其中按股分红的比例约占分配总额的30%，按劳动数量和质量分配的约占70%。第三步是建立高级农业合作社，取消了土地分红，农民的报酬主要是按劳动数量和质量分配，农民的土地无偿归农业生产合作社集体所有，这是土地私有制向集体所有制过渡的质变阶段。[1] 在这个过程中，土地的产权逐渐发生变化，开始时农户还拥有土地，而且可以根据土地的多少获得相应的收益分配，比如"地五劳五"以及后来的"地四劳六"，到最后，土地的分配权利消失，演变为按劳分配。[2] 到1957年年末，全国农村高级社总数达到75.3万个，入社农民11 945万户，占农民总数的96%以上。实际上，将新中国成立后分给农民的土地收归小范围的公有了。

1958年进行了农村土地的人民公社化改革，实际是一次实行农业共产主义的试验。为了巩固和发展农业合作化，从1958年开始，主要通过对农业生产合作社的合并，将土地加以集中，实行公社集体所有，"产品按需分配"，力图在农村将生活和生产资料所有和供给制向共产主义社会过渡。这种脱离生产力水平在生产关系上的大冒进，损害了农民的个人利益，严重影响了农民生产的积极性，

① 廖乐焕. 我国农村土地政策考察[J]. 经济研究导刊，2008（1）：55.
② 武力，隋福民. 中国农业经济合作历史的阶段比较研究[C]//蔡继明，邝梅. 论中国土地制度改革：中国土地制度改革国际研讨会论文集. 北京：中国财政经济出版社，2009：523.

极大地破坏了农业生产力，后果是粮食产量从1957年的1 950.45亿千克下降到了1960年的1 435亿千克，降幅达26.4%，导致了1960年全国城乡大饥荒的暴发。

1960年11月中共中央推出土地的"三级所有，队为基础"的制度，即土地归公社、大队和生产队三级所有，土地的使用权归生产队，由农民统一使用，劳动报酬按工分分配。1962年，《农村人民公社工作条例修正草案》（也被称为"人民公社六十条"）确立了"三级所有，队为基础"的农村集体土地所有制度。之后虽然在给农民的自留地政策上有所反复，但总体上这一制度一直实行到20世纪80年代初。这一土地制度在促进农业生产力和农村社会的发展上，饱受诟病。据统计，从合作化完成的1957年到1978年，中国农民家庭平均年收入由73元增加到134元，年均仅增加2.9%；农民人均居住面积由1957年的11.3平方米下降为1978年的10.17平方米。与此同时，中国平均每人每年消费的粮食由203千克降到195千克，食用植物油由2.42千克降到1.6千克，牛羊肉由1.11千克降到0.75千克，家禽由0.5千克降到0.44千克，水产品由4.34千克降到3.42千克。[1]

从城镇土地看，当1956年社会主义改造基本完成时，城镇原来的资本家和其他私人所有的土地也大多收为国有。在这一时期，

---

[1] 刘正山. 大国地权：中国五千年土地制度变革史[M]. 武汉：华中科技大学出版社，2014：318-320.

随着社会主义经济建设大规模展开，国家建设征用土地问题开始凸显。1953年，国家颁布《国家建设征用土地办法》，强调为了建设的需要，国家可以征用农村集体土地，规定：凡属有荒地、空地可资利用者，应尽量利用，而不征用或少征用人民的耕地良田；凡虽属需要，而对土地被征用者一时无法安置，则应俟安置妥善后再行举办，或另行择地举办；被征用土地的补偿费，在农村中应由当地人民政府会同用地单位、农民协会及土地原所有人（或原使用人）或由原所有人（或原使用人）推出之代表评议商定之。① 1954年《宪法》第十三条规定，国家为了公共利益的需要，可以依照法律规定的条件，对城乡土地和其他生产资料实行征购、征用或者收归国有。1958年，经过修订的《国家建设征用土地办法》规定，征用土地，应该尽量用国有、公有土地调剂，无法调剂的或者调剂后对被征用土地者的生产、生活有影响的，应该发给补偿费或者补助费。在实际运行中，农村集体土地转变为城镇国有土地时，政府有关部门和国有单位可以以最低补偿强制征用。具体来看，当时是这样操作的：①土地开发不是由市（县）政府统一分配的，而是以计划项目为中心，由各项目主管部门或单位各自与农民协商的；②虽然没有明面上的地价，却并非完全"无偿使用"，征地单位要偿付征地费用，安排农民就业，实际上这是一种"变通"的土地有偿使用形

---

① 甘藏春. 社会转型与中国土地管理制度改革[M]. 北京：中国发展出版社，2014：79.

式。显然，在当时的情况下，土地可以认为是没有价值的，国家对项目用地形式上无偿划拨，使用单位可以无偿使用，但不能交易转让。城镇土地的无偿使用，其最大的问题在于可能不需要土地或者不需要那么多土地的单位，可以凭借权力和关系，浪费性地使用土地资源；而急需土地的单位，则因无权或者无关系，却得不到土地资源。从经济学上讲，当时土地资源不能优化配置和利用，土地资源的产出效率较低。

（三）20世纪70年代末至党的十八大的改革开放时期，农村确立并完善集体所有权和农户承包经营权相结合的新土地集体所有制，城镇建立健全与社会主义市场经济相适应的国有土地使用制度

由于存在吃"大锅饭"、机会主义盛行等突出问题，自人民公社化改革实施以来，各地自发地开展了一些诸如"包产到户""包干到户"的变通尝试。比如，在合作化晚期的1956年，包产到户就出现在温州永嘉等地。根据杜润生的记载，底层的包产到户，有文字报告的就遍及浙江、四川、广西、广东、江苏、河北、河南、安徽、山西和甘肃等十数个省区，甚至"差不多每个省、市、区都有发现"。[①] 20世纪70年代末，以安徽凤阳小岗村为代表的一些地方农村把对农业产量的承包发展成对土地经营的承包，也就是土地联

---

① 刘正山. 大国地权：中国五千年土地制度变革史[M]. 武汉：华中科技大学出版社，2014：319-320.

产承包，生产家庭经营。到20世纪80年代初，特别是1982年1月1日中共中央关于农村工作的一号文件，正式肯定了土地的农民家庭承包经营制度，开始了第一轮的集体土地承包，其合同的期限一般为15年。家庭承包制代表的第三次变革相对于土地改革的第一次变革和社会主义改造的第二次变革，是一个否定之否定的辩证综合，它在现代中国农村确立了集体产权和农户产权相结合的新土地集体所有制，实行了家庭经营和集体经营"统分结合、双层经营"的农业生产方式，从而在新时期以新形式更好地体现和发展了"耕者有其田"原则。[①]

1982年《宪法》，第一次明确了"城市的土地属于国家所有。农村和城市郊区的土地，除由法律规定属于国家所有的以外，属于集体所有；宅基地和自留地、自留山，也属于集体所有"的城乡二元的法律制度架构。1984年，中共中央《关于一九八四年农村工作的通知》规定，土地承包制一般应在15年以上，鼓励土地逐步向种田能手集中，要求稳定农户的土地承包关系，给农民稳定的土地承包期限，在坚持土地集体所有、家庭经营的基本制度框架下，创新农村土地使用制度，鼓励土地使用权的流转。另一个较为重大的事

---

① 王至元. 现代中国农村土地制度的三次变革和深化改革的思路[C]//蔡继明，邝梅. 论中国土地制度改革：中国土地制度改革国际研讨会论文集. 北京：中国财政经济出版社，2009：512.

件是，1985年6月，全国已经完成了政社分设和建乡的改革，实际上废除了1958年设立的实践了20多年的工农兵学商一体、政社合一的人民公社制度。1986年2月，成立了国家土地管理局，负责全国土地、城乡地政的统一管理工作。1986年6月，全国人大常委会会议通过了中国第一部《中华人民共和国土地管理法》（以下简称《土地管理法》）。《土地管理法》规定了土地管理的基本制度，确立了土地登记制度、城乡地政统一管理制度、建设用地管理制度、法律责任等。以这部法律为基础，我国基本形成了从中央到乡镇的比较完备的土地管理体系。[①]

1987～1997年，随着改革发展的重心从农村转向城市，建立与社会主义市场经济相适应的城镇国有土地使用制度逐步被提上议事日程。在计划经济时期，我国长期实行无偿、无限期、无流转的国有土地使用制度。为给经济建设筹措资金，深圳等地开始探索有偿使用国有土地的制度。1987年12月，深圳公开拍卖了全国第一宗土地，拉开了土地有偿使用制度改革序幕。1988年，我国修改了《宪法》和《土地管理法》，取消了土地不得出租的规定，明确土地的使用权可以依照法律的规定转让，国家依法实行国有土地有偿使用制度，使得土地公有制适应了市场经济的发展。此后，我国又相继出台和修订了一系列法律法规，城镇国有土地使用权可出让、转

---

① 甘藏春. 社会转型与中国土地管理制度改革[M]. 北京：中国发展出版社，2014：82.

让、出租、抵押的市场交易制度正式确立。

自1997年开始，由于第一轮农村耕地15年承包经营已经普遍到期，各地开始了第二轮的土地承包经营，承包期限是30年。1998年修订了《土地管理法》，对土地管理和利用方式进行了重大改革。国家土地管理局与地质矿产部、国家海洋局和国家测绘局共同组建国土资源部。根据人多地少的基本国情，借鉴国外土地管理先进经验，明确了以耕地保护为目标、以用途管制为手段、以土地利用总体规划为龙头的现代土地管理制度基本框架；建立了基本农田保护制度、建设占用耕地占补平衡制度和农用地转用审批制度，严格控制农用地转为建设用地，切实保护耕地。[①] 进入21世纪以来，针对土地管理中出现的新情况、新问题，我国相继出台实施了一系列政策文件，如《国务院关于深化改革严格土地管理的决定》（国发〔2004〕28号）、《国务院关于加强土地调控有关问题的通知》（国发〔2006〕31号）、《国务院办公厅关于建立国家土地督察制度有关问题的通知》（国办发〔2006〕50号）、《国务院关于促进节约集约用地的通知》（国发〔2008〕3号），确立了经营性土地市场配置制度、土地参与宏观调控的政策、国家土地督察制度，并推出了最严格的耕地保护制度和最严格的节约用地制度。2002年、2007年分别出台了《中华人民共和国农村土地承包法》（以下简称《农

---

① 甘藏春.社会转型与中国土地管理制度改革[M].北京：中国发展出版社，2014：24.

村土地承包法》）和《中华人民共和国物权法》（以下简称《物权法》），土地权利法律制度建设得到实质性的推进。2008年党的十七届三中全会强调，农民与土地的承包关系长久不变，突破了承包年限的限制，实际上实行了农民对土地的永包制。

（四）现行土地制度描述及党的十八大以来中央对土地制度改革的新部署、新要求

从土地资源的配置和利用来看，土地制度结构的主要内容为产权规定和配置方式。我们有必要以此为分析线路，将现行土地制度供给的结构进行简单的框架性的描述。从目前《宪法》和《土地管理法》规定的土地制度来看，主要有以下内容：

目前我国土地有国有和集体所有两种所有制形式，即：城市的土地属于国家所有，土地的所有权由国务院代表国家行使；农村和城市郊区的土地，除由法律规定属于国家所有的以外，属于集体所有；农户使用和经营的宅基地和承包地、承包山，也属于集体所有。国家为了公共利益的需要，可以依照法律规定对集体土地实行征用。任何组织或者个人不得侵占、买卖或者以其他形式非法转让土地。特别是农村，集体和农民不得私自改变土地的用途并买卖土地或者以其他形式转让土地。

关于城市土地，国家可以依法无偿和有偿出让一定年限的土地使用权，农村耕地和宅基地由农民经营与居住使用，耕地有承包经

营期限；国有土地使用权可以交易，但是用途转变受到严格管制；城镇住宅，视商品房、经济适用房、单位改革房等等的不同，其使用权的出租和交易，特别是改变用途，在法律和法规上也受到严格的控制。

国家对土地资源的分配进行高度集中和严格的管制。一是国家规定土地用途，将土地分为农用地、建设用地和未利用地，严格控制土地用途的改变。编制城市用地规划，改变用地性质的需要由土地规划部门和土地管理部门批准；农村耕地，除了兴办乡镇企业、农民宅基地、农村道路等建设用地外，改变用途首先要经过国家征用变成国有土地后方可。二是高度集中土地资源的分配和管理权力。如《土地管理法》第四十五条规定："征用下列土地的，由国务院批准：①基本农田；②基本农田以外的耕地超过三十五公顷的；③其他土地超过七十公顷的。征收前款规定以外的土地，由省、自治区、直辖市人民政府批准，并报国务院备案。"

如果将中国目前的土地制度进行简单的总结，可概括为国家所有和集体所有两种形式，国家拥有高度集中的分配土地资源的权力，国家规定和管制城乡土地的用途，建设用地绝大部分只能用国有土地，集体不可购买国有土地，国家可以征用集体土地。

党的十八大召开后，中国改革开放和社会主义现代化建设进入了一个新的发展时期，土地制度改革也正在全面深化。从中央顶层设计和各地探索实践看，近年来土地相关制度改革探索的重点有六个方面[①]：一是关于农村土地基本产权和经营制度。中央明确在坚持农村土地集体所有，坚持家庭经营的基础性地位的前提下，实现所有权、承包权、经营权三权分置，引导土地经营权有序流转，积极培育新型经营主体，发展多种形式的适度规模经营。二是关于农村集体所有制有效实现形式。中央要求对土地等资源性资产，重点是抓紧抓实土地承包经营权确权登记颁证工作，总体上要确地到户，从严掌握确权确股不确地的范围。对非经营性资产，重点是探索有利于提高公共服务能力的集体统一运营管理有效机制。对经营性资产，重点是明晰产权归属，将资产折股量化到本集体经济组织成员，发展多种形式的股份合作。三是关于形成城乡统一的建设用地市场。中央明确在符合规划和用途管制前提下，允许农村集体经营性建设用地出让、租赁、入股，与国有土地同等入市、同权同价。缩小征地范围，规范征地程序，完善对被征地农民合理、规范、多元保障机制。建立兼顾国家、集体、个人的土地增值收益分配机制，合理提高个人收益。四是关于赋予并保障农民土地财产权利。保障农民集体经济组织成员权利，积极发展农民股份合作，赋予农民对集体资产股份占有、收益、有偿退出及抵押、担保、继承的权利。保障农户宅基地用益物权，改革完善农村宅基地制度，

---

① 这部分内容重点参考了中央有关文件和权威新闻报道。

慎重稳妥推进农民住房财产权抵押、担保、转让。五是关于引导发展农村产权流转交易市场。中央鼓励各地探索符合农村产权流转交易实际需要的多种市场形式，逐步发展成集信息发布、产权交易、法律咨询、资产评估、抵押融资等为一体的为农服务综合平台。六是关于工商资本进军农村土地承包经营。中央一方面鼓励工商资本发展适合企业化经营的现代种养业、农产品加工流通和农业社会化服务，另一方面强调要有严格的进入门槛，建立资格审查、项目审核、风险保障金等制度。

五、中国住宅制度的历史沿革

自古以来，老百姓的衣食住行都是最基本的民生。在目前的经济社会发展和城市化水平下，中国已解决了温饱问题，很少有人有衣食之忧，老百姓更多的是关注在城市里的住和行。欲深入认识老百姓今天的"住"，就先了解老百姓历史上的"住"。

（一）历史上的住宅制度①

两千多年前，古代先贤们提出了"各安其居而乐其业"的安居思想。前面在研究井田制时介绍了"五亩之宅"，即"邑中宅地，亦家得二亩半，合田间庐舍言之，则曰'五亩之宅'"。与百亩私

---

① 本小节内容重点参考了张群博士的相关研究成果和著作。张群. 中国古代的住房权问题[J]. 南京大学法律评论，2007（Z1）：137-157. 张群. 居有其屋：中国住房权历史研究[M]. 北京：社会科学文献出版社，2009.

田相比，宅地被赋予更多权利，其永久性的使用权与所有权颇为接近。不过，什么地方可以造屋，什么地方可以开店，都要得公家允许的，不能乱做。[①] 据《史记·商君列传》记载，商鞅变法的一项重要内容是"明尊卑爵秩等级，各以差次名田宅"，据此曾建立了一套田宅占有制度，也就是名田宅制度，对不同爵秩等级的人占有田宅的数量进行制度上的限定。从文献记载的情况看，当时的土地权利实质上是一种负担住房保障功能、受限制的土地使用权，这种权利按照人口分配，与人身关系密切相关。[②] 据张家山汉简《二年律令》的有关内容，这一制度沿用到汉代。魏晋时期实行的均田制，把宅地作为土地的一部分按照人口多少进行分配，并允许农民永远占有。到了唐代，农民的宅地不但政府不能收回，而且可以自由买卖。从宅地能够永久占有到后来甚至可以买卖看，在土地私有制还不太发达的封建社会早期，宅地的私有化程度相对比较高。

公元1世纪以后，中国城市的商业功能逐渐增强，随之而来的是商人阶层的不断扩大，于是市民阶级的居住群体也形成了。城市房屋租金也随着人口激增而大幅上涨，少数人的奢华宅邸与大众的蜗居形成鲜明对比，城市之大却鲜有民众的立锥之地，出现了"长安居大不易"的情况。[③] 宋代开始，国家明确规定要给鳏寡孤独

---

① 吕思勉. 中国通史[M]. 北京：外文出版社，2012：94.

② 代刃，张亮. 论我国住房保障制度的历史脉络[J]. 人民论坛，2013（26）：173.

③ 同②174.

等无家可归者提供住房。比较有名的如北宋时期国家在京城开封设了四家"福田院"，凡是逃荒入京的流民、赤贫破家的市民、无人奉养的老人，都有资格在福田院免费居住并享用免费伙食和医疗。又如，国家开设了安济坊、漏泽园和居养院，其中安济坊的功能是收容贫病之人并予以救治，漏泽园的功能是安葬无人认领的尸体，居养院的功能则是收容穷民并提供食宿和若干生活费用。中国古代灾荒频发，形成了大量流离失所的流民和灾民，由于对社会稳定和皇权统治有一定的威胁，各朝各代虽都很重视他们的安居问题，但囿于经济发展水平和国家财力等原因，办法比较有限。直到宋代才形成比较成熟的将"得食、有居、得归"三者有机结合起来的安流之法。其中最为有名的如宋代的富弼安流法，其主要内容是根据户等，征用当地人家的空闲房屋（实际就是摊派），安置流民。

明朝开国皇帝朱元璋出身穷苦，对困难群众的安居问题格外重视，在洪武元年（公元1368年）八月就下诏："鳏寡孤独废疾不能自养者，官为存恤。"洪武五年（公元1372年），朱元璋"诏天下郡县立孤老院"，这些孤老院后来改名为养济院。清代继承了明代的制度，顺治年间恢复了旧有的养济院体系，原未曾设立养济院的地方也予以建设，各州县几乎普遍开设了养济院。但由于当时的经济发展水平比较低，而居住保障需求显然大大超过了朝廷的实际负担能力，所谓的养济院经常流于空文。比如，清代山东济宁州的养济院，旧有房屋32间，至道光年间（公元1821～1850年）仅存房屋6间，贫民皆不住堂，只是按期赴州署支领口粮。

在清代，曾实施了颇有现代住房福利特点的制度——旗人住房制度，当然这种制度针对的是在政治上处于优越地位的旗人。其主要内容是，住房在旗人之间可以自由流动，但禁止典租给汉人，也禁止旗人到汉人居住区买房和居住。这实际上就是满汉分居政策的具体化。不过，康熙时期开始出现旗人和汉人之间的秘密交易，到乾隆时正式放开旗民交产禁令。随着社会的发展和人口的增加，完全由朝廷包揽的旗人住房福利使得财政不堪重负，康熙年间，旗人中的"无屋可居"问题愈益严重。起先康熙在增加赏赐的同时，曾采取把富有者的住房调剂给无房人居住的"抽肥补瘦"式的平均主义办法，后来又转而采取政府建设官房、旗人免费租住的办法，旗人住房保障工作也逐步转向为贫苦旗人提供免费住房、资助旧房维修和鼓励旗人"按揭"购买官房等办法多管齐下。雍正年间实施的"承买入官房地"政策有力促进了旗人的住房市场化。雍正十一年（公元1733年）议准的"现银认买官房，拆修听其自便"和"指扣俸饷认买官房，俟价值照数扣完之日，听其拆修"的政策，相当于现今社会的一次性付清房款和住房公积金贷款买房，房款付清后即获得所有权，任其自由处置房产。乾隆、嘉庆年间，又根据实际情况在首付款、还款期限以及官员买房等方面做出了进一步规定。比如，对买入官房，三品以下官员及兵丁，无论价值多寡，俱准认买，但是一二品大员，唯价在两千两以上至数千两者准其认买。从现今社会的视角看，这实际上是限制有钱有势的富人垄断中小户型房产或经济适用房，避免低价位房产短缺，有利于解决中低收入者

住房问题。

到了民国时期，受连年征战的影响，加之大量人口涌向城市，居民的安居问题比较突出。当时政府采取了租金规制和兴建住宅两大措施。租金规制包括由租赁者自发联合兴起的减租运动和政府行政命令强制减租两部分，由于房屋资源比较稀缺，这些举措只能是非常时期的临时之举，也只能收效于一时。兴建住宅包括两个部分：一是通过政府的力量来建造平民住宅。比如，20世纪30年代，青岛市设立了一个由市政府、参政会、市参议会、银行集团代表等共同参与的权力机构，主持统筹集资、购地、工程及管理等事项，建设了一批公共租赁住所，各方评价颇高。但这种兴建模式对政府财力要求比较高，如果政府财政困难，则很难开展起来。二是鼓励城市居民自建或合作建房。通过实施《内地房荒救济办法》《鼓励人民兴建房屋实施办法》等一系列法令，鼓励市民兴建房屋。当时，还提倡一种住宅共建合作社的安居模式，主要做法大致是：市民以入股或强制储蓄等形式筹措资金，共同管理工程建设，价格相对低廉的代价是对于建成房产不得转为己有，并限制转让收益，唯以居住使用为目的。①

（二）传统的实物福利性住房制度

新中国成立后，随着农业生产合作化和人民公社化改革的推进，中国广大农村土地和宅基地实行集体所有，由集体对宅基地实

① 代刃，张亮. 论我国住房保障制度的历史脉络[J]. 人民论坛，2013（26）：174-175.

行福利性分配，农民无偿使用宅基地。多年来，在相对稳定的土地集体所有制下，农村的住宅制度一直比较稳定。按照相关法律规定，一方面，农民一户只能拥有一处宅基地，其宅基地的面积不得超过省、自治区、直辖市规定的标准；另一方面，农民的住宅不得向城镇居民出售，城镇居民不得在农村购置宅基地，有关部门不得为城镇居民在农村购买和违法建造的住宅发放土地使用证。总的来看，中国目前的法律规定并没有赋予宅基地出租、转让和交易的权利。但事实上，农民宅基地进入市场已呈普遍化趋势。具体表现为，在广大沿海地区，农民将宅基地盖成多层住宅，用于出租，满足快速工业化形势下大量外地农民工的居住需求；在大中小城市（镇）的城乡接合部地区，政府在征用农民耕地后，将宅基地留下来，农民利用宅基地盖房出租，解决了快速城镇化进程中进城流动人口的居住问题；在广大农区，一些举家进城的农户在城镇有稳定的工作和居所后，将宅基地私下转让或租赁给需要宅基地盖房的农户。[①]

在城镇，差不多与农村开展农业生产合作化同步，国家对私有住房进行了社会主义改造。主要有两大措施：一是对反革命、汉奸、官僚资本家、国民党政府的房产通过接收、没收、代管等方式收归国有，积累了最初的一批公有产权住房，为稳定国内形势、抑制通货膨胀发挥了重要作用。二是对私人出租房进行社会主义改造。以国家经租为主，少数大城市对私营房产公司和大房东实行了

---

① 甘藏春. 社会转型与中国土地管理制度改革[M]. 北京：中国发展出版社，2014：48.

公私合营。国家经租方式下，政府先把私房统一征收上来，然后以低廉的租金租给干部职工使用，而私房业主只获得20%～40%的租金补偿和部分自住房屋。此外，国家还对住房进行直接投资建设或更新改造，从住房来源上保证了公有住房数量的不断增加。经过持续努力，我国住房所有制逐步变成公有制占主体的格局。1956年改造之前，很多城市的私有房产超过半数（如表1-2所示），出租的占70%以上，私房中一半以上是住宅。之后10年间，全国城市和1/3的镇进行了私房改造，改造面积为1亿平方米，约为当时私房总量的52%，1978年城市公有住房比重提高到80%。[①]

表1-2　十城市私有房屋基本情况（按建筑面积计算）[②]　单位：%

城市	公产	私产	外产（包括所有外国人房产）
北京	44.35	53.85	1.80
天津	43.41	53.99	2.60
上海	25.80	66.00	7.90
济南	22.00	78.00	/
青岛	57.90	37.90	4.16
沈阳	64.00	36.00	/
哈尔滨	55.31	40.20	4.46
南京	37.75	61.30	0.95
无锡	19.75	80.25	/
苏州	14.00	86.00	/

① 卢嘉. 中国的城镇住房制度改革：合约安排的演进分析[M]. 北京：中国建筑工业出版社，2014：78.

② 中央书记处第二办公室. 关于目前城市私有房产基本情况及进行社会主义改造的意见[Z]，1955-12-16.

　　1952年，国家出台了《内务部关于加强城市公有房产管理的意见（草稿）》〔内地（52）字第67号〕，提出"以租养房"的方针。1955年，政府对国家机关工作人员全部实行工资制时，根据实际承受能力，对这部分人承租的公有住房实行低租金的办法。后来，低租金不仅成为公有住房租金管理的通行办法，而且成为我国传统福利性住房制度的突出特征。1957年的报告计算出一般租金每月每平方米至少应为0.25元，是以每平方米40元的造价使用60年计算的，应占职工工资收入的8%左右；可是1965年的报告表明，每平方米月租金平均只有0.1元，有的大城市甚至只有几分钱，占家庭收入的2%～3%。[①]

　　1956年以后，我国城镇逐步形成了一种以国家统包、无偿分配、低租金为特点的实物福利性住房制度。这一制度把城市居民的安居责任全部由国家和政府大包大揽，国家和政府不仅是城市公有住房的所有者、建设者，而且还是维修者、经营管理者。从所有者和建设者看，城市单位住宅的投资建设资金在国家全年固定资产投资基金中统一安排，城市单位住宅具体交由城市房管部门统一建设或分建统管。此外，房管部门可以利用租金剩余建设住宅，有自筹资金的单位可以建设住宅，单位也可以合资建房并

---

　　① 卢嘉. 中国的城镇住房制度改革：合约安排的演进分析[M]. 北京：中国建筑工业出版社，2014：82.

按投资比例分房。从维修者看，城市房管部门统一组织维修或单位设立维修部门，公有住房维修费用从城市维护资金中拨付，维修所用的材料设备列入国家物资分配计划，并用租金收入来支付住房日常的维修费用。从经营管理者看，公有住房由投资建设主体按照职级、家庭人口、工龄等情况进行统一分配，一个家庭只能拥有一套住房。

实物福利性住房制度尽管与计划经济体制相适应，不过却让政府和企业都背上了沉重的包袱，公有住房的生产和供应效率低下，远远不能满足经济社会发展的实际需要，城市居民的居住条件不断恶化。1949～1979年，国家虽投入374亿元巨资建设住房，但由于人口增长、旧房自然淘汰、落实私房政策、因建设需要拆除、新建住宅中一部分被配套设施占用等原因，住房供需矛盾不仅没有缓解，而且还进一步加剧，全国城镇人均住房面积从4.9平方米下降到3.6平方米。1978年缺房户约689万户，住宅建设竣工率只有51%左右，远未达到1965年竣工率75.4%的最好水平。不少城市，由于配套设施建设的资金、材料没有着落，很多住宅竣工以后长期不能交付使用。

（三）城镇住房制度改革稳步推进

鉴于国家福利分房制度面临的窘境和城市家庭居住的实际困难，中国自20世纪80年代开始，对城镇住房制度进行了艰难的改革。大致可以分为三个阶段：

　　第一阶段：20世纪70年代末～80年代，改革试点探索。1979年，国家选择了南宁、柳州、桂林、梧州、西安五个城市进行试点，从国家补助的住宅建设投资资金中拨款，由地方政府组织建设住房，以土建成本价出售给城镇居民。1980年4月，邓小平同志指出要走住房商品化路子，提出出售公房，调整租金，提倡个人建房买房的改革总体设想。6月，中央批准了《全国基本建设工作会议汇报提纲》，正式宣布实行住宅商品化政策。1982年，国家有关部门设计了"三三制"的补贴出售新建住房方案，即由政府、企业和个人各承担1/3，并在郑州、常州、四平、沙市开展试点。由于租买比价不合理，居民偏好承租低租金公有住房，缺乏购房动力，再加上试点中还暴露出其他问题，试点效果有限。

　　针对这些问题，1985年城镇住房制度改革从"三三制"补贴售房转向租金制度改革的研究和设计。1986年3月，国务院住房制度改革领导小组成立，提出了调整公有住房租金、发放住房补贴，逐步推动包括出售公有住房等内容的住房制度改革。1986年，国家选定烟台、唐山、蚌埠三个城市试行"提租补贴、租售结合、以租促售、配套改革"的方案。租金按准成本起步，月租金由原来的每平方米（使用面积）0.07～0.08元提高到1元以上，相当于成本租金（由折旧费、维修费、管理费、投资利息、房产税五项因素组成）的70%～80%；公有住房按包含建筑造价、征地和拆迁补偿费的标准价出售。这次试点立足解决传统住房制度中的深层次问题，兼顾

了国家、企业和个人的利益，取得了明显成效，为改革的推进提供了思路。

1988年1月，国务院召开第一次全国住房制度改革工作会议，并于2月发布《国务院关于印发在全国城镇分期分批推行住房制度改革实施方案的通知》（国发〔1988〕11号）。这一方案明确，围绕实现住房商品化的目标，住房制度改革的主要内容是：①改变资金分配体制，把住房消费基金逐步纳入正常渠道，使实际用于职工建房、修房资金的大量暗补转化为明补，并逐步纳入职工工资。②改革把住房作为固定资产投资的计划管理体制，确立住房作为商品生产的指导性计划管理体制。③通过财政、税收、工资、金融、物价和房地产管理等方面配套改革，在理顺围绕住房所发生的各种资金渠道的基础上建立住房基金，逐步形成能够实现住房资金良性循环的运行机制。④调整产业结构，开放房地产市场，发展房地产金融和房地产业，把包括住房在内的房地产开发、建设、经营、服务纳入整个社会主义有计划的商品经济大循环。根据这些目标和改革内容，之后三五年的任务主要是：调整公房租金，按折旧费、维修费、管理费、投资利息、房产税五项因素的成本租金计租，抑制不合理的住房需求，促进职工个人买房，并从政策、立法、社会舆论等方面采取措施，引导和调节居民消费，使消费结构趋向合理，为实现住房商品化奠定基础。

　　第二阶段：20世纪90年代，改革深入推进。20世纪80年代的城镇住房市场化改革没有从根本上触及原先的投资供应制度，90年代改革的突出特点是改革公有住房实物供应，推进住房分配货币化。1991年上半年，上海借鉴新加坡的成功经验，在全国率先实施住房公积金制度，建立国家、集体、个人三结合筹资建设住宅的机制，既提高职工家庭解决自住住房的能力，又扩大住房建设资金的来源，有利于改革由国家、集体大包大揽的建房办法，推动实现住房商品化。1991年6月，《国务院关于继续积极稳妥地进行城镇住房制度改革的通知》（国发〔1991〕30号）发布，要求把现有公有住房的租金有计划、有步骤地提高到成本租金；在规定住房面积以内，职工购买公有住房实行标准价；对新竣工的公有住房，实行新房新租、先卖后租、优先出售或出租给无房户和住房困难户等办法；通过多种形式、多种渠道筹集住房资金，推行国家、集体、个人三方面共同投资体制，积极组织集资建房和合作建房，大力发展经济适用的商品住房，优先解决无房户和住房困难户的住房问题。11月，《国务院办公厅转发国务院住房制度改革领导小组〈关于全面推进城镇住房制度改革的意见〉的通知》（国办发〔1991〕73号）中，明确提出了城镇住房制度改革的总目标：从改革公房低租金制度着手，将公房的实物福利分配制度逐步转变为货币工资分配制度，由住户通过买房或租房取得住房的所有权或使用权，逐步实现住房商品化和住房资金投入产出的良性循环。在之后的实践中，

各地各单位借房改出售公房，以低价吸引职工购房，房改陷入低价售房的泥淖，导致国务院明令禁止。

1994年7月，《国务院关于深化城镇住房制度改革的决定》（国发〔1994〕43号）发布，提出"建立以中低收入家庭为对象、具有社会保障性质的经济适用住房供应体系和以高收入家庭为对象的商品房供应体系"的目标，并明确当时予以推进的重点任务：一是全面推行住房公积金制度。所有行政和企事业单位及其职工均应按照"个人存储、单位资助、统一管理、专项使用"的原则缴纳住房公积金。二是积极推进租金改革。到2000年，住房租金原则上应达到占双职工家庭平均工资的15%，实现按成本租金或市场租金计租的目的。三是稳步出售公有住房。向高收入职工家庭出售公有住房实行市场价，产权归个人所有，可以依法进入市场；向中低收入职工家庭出售公有住房实行成本价，产权归个人所有，但一般住用5年后才可以依法进入市场。以成本价售房确有困难的市（县），可以实行标准价作为过渡，个人拥有部分产权，即占有权、使用权、有限的收益权和处分权，可以继承。四是发展房地产交易市场和社会化的房屋维修、管理市场。五是加快经济适用住房建设。房地产开发公司每年的建房总量中，经济适用住房要占20%以上。同时，鼓励集资合作建房，继续发展住房合作社，充分发挥各方面积极性。这一决定实施后，各地纷纷结合实际推进住房制度改革，房地产业加快发展，进一步满足了城镇居民的住房需求。1991～1997

年，城镇住宅建设投资年均增长34%，比1980～1990年年均增长14%高出20个百分点。1982年城镇住宅竣工面积中，全民所有制单位投资建设的比重为80.46%，1997年这一比重降低到44.4%。[①]

第三阶段：世纪之交至今，建立健全适应社会主义市场经济发展的多层次城镇住房供应体系。1998年7月，国务院发布《国务院关于进一步深化城镇住房制度改革加快住房建设的通知》（国发〔1998〕23号），明确提出稳步推进住房商品化、社会化，逐步建立适应社会主义市场经济体制和我国国情的城镇住房新制度。根据该通知精神，深化城镇住房制度改革的目标和重点：一是1998年下半年开始停止城镇住房实物分配，逐步实行住房分配货币化。为配合这项政策的实施，1999年国家颁布《住房公积金管理条例》，正式在全国推行住房公积金制度，同时国家允许房价收入比在4倍以上，且财政、单位原有住房资金可转化为住房补贴的地区，可以给予住房困难职工住房补贴。二是建立和完善以经济适用住房为主的多层次城镇住房供应体系。在多层次住房供应体系中，国家重点发展经济适用住房，满足中低收入家庭之需；从腾退的旧公房中调剂或由政府、单位出资兴建廉租房，供最低收入家庭租赁；市场价的商品住房，由其他收入比较高的家庭购买、租赁。三是培育和规范

---

① 卢嘉. 中国的城镇住房制度改革：合约安排的演进分析[M]. 北京：中国建筑工业出版社，2014：93.

住房交易市场。从1998年下半年起，出售公有住房，原则上实行成本价，并与经济适用住房房价相衔接。在试点的基础上，稳步开放已购公有住房和经济适用住房的交易市场。四是发展住房金融。扩大个人住房贷款发放范围，放宽贷款期限，优先发放经济适用住房开发建设贷款，等等。2000年前后，全国公房建设基本停止，公房出售也已大部分完成，以私有产权为主的住房产权格局已经形成，为市场机制在配置住房资源中发挥决定性作用奠定了基础。到2000年年底，全国公房出售率达到77%左右，其中35个大中城市中有7个公房出售率达到90%，广东省在全省范围内完成了公房以房改成本价出售的工作。①

从制度设计看，经济适用住房在多层次城镇住房供应体系中地位至关重要，本应发挥主导作用。但在"土地财政""唯GDP论"等因素激励下，各地投资建设经济适用住房的积极性并不高。形成鲜明对比的是，在城镇化快速推进以及居民住房改善需求、住房投资需求甚至投机需求等的刺激下，一些地区住房供求的结构性矛盾较为突出，房地产价格和投资增长过快。1998~2006年，城镇住宅竣工面积年均增长5.15%，年均新增住宅面积5.74亿平方米，50%以上是商品住房；同期，商品住房新开工面积年均增长23.4%，经

---

① 卢嘉. 中国的城镇住房制度改革：合约安排的演进分析[M]. 北京：中国建筑工业出版社，2014：99-100.

济适用住房新开工面积年均增长15.33%。尤其在2001年以后，经济适用住房增长率显著低于商品住房，甚至出现连续大幅负增长，且占房地产开发企业新开工住房面积的比例逐年下降，由20%降为不足7%。[①] 在这样的情形下，再加之对住房补贴发放并没有硬性规定，且补贴金额又远远低于实际需求，部分城市低收入家庭住房就比较困难，住房不公平问题迅速成为社会各方关注的焦点。

2003年8月，《国务院关于促进房地产市场持续健康发展的通知》（国发〔2003〕18号）发布，要求一方面坚持住房市场化的基本方向，完善房地产市场体系，加强宏观调控，实现房地产市场总量基本平衡，结构基本合理，价格基本稳定；另一方面加快建立和完善适合我国国情的住房保障制度，满足不同收入家庭的住房需求。之后，在房地产市场调控方面，国务院颁发了"国八条""国六条""新国八条""国五条""新国六条"等一系列政策，明确提出整顿和规范房地产市场秩序，稳定住房价格，重点发展满足当地居民自住需求的中低价位、中小套型普通商品住房，坚决抑制投机投资性购房等。在建立健全住房保障制度方面，2007年8月，国务院发布《国务院关于解决城市低收入家庭住房困难的若干意见》（国发〔2007〕24号），提出加快建立健全以廉租住房制度为

---

① 卢嘉. 中国的城镇住房制度改革：合约安排的演进分析[M]. 北京：中国建筑工业出版社，2014：110-102.

重点、多渠道解决城市低收入家庭住房困难的政策体系。在这个意见中，国家要求把廉租住房制度的保障范围由最低收入家庭逐步扩大到低收入家庭，并成为解决低收入家庭住房困难的主要途径；把经济适用住房供应对象由中低收入家庭调低为低收入家庭，并与廉租住房保障对象衔接。显然，从调整后的保障政策看，尽管对低收入家庭的保障加强了，但有的不符合廉租住房条件，又没钱买经济适用住房，有的没资格买经济适用住房，又买不起商品住房的两个所谓的"夹心层"，却处于市场和政府保障之间的空白地带，其住房问题比较突出。2010年6月，住房和城乡建设部等七部委联合发布《关于加快发展公共租赁住房的指导意见》（建保〔2010〕87号），提出公共租赁住房供应对象主要是城市中等偏下收入住房困难家庭。这是为解决"夹心层"的住房问题，健全住房保障制度，实现住房供应对各收入阶层的全覆盖的又一重要尝试。目前，从我国的实际情况看，已经基本形成了包括廉租住房、公共租赁住房、经济适用住房、棚户区改造、限价商品房等在内的住房保障制度框架。

六、中国香港地区、台湾地区的土地住宅制度

中国香港地区、台湾地区土地住宅制度与内地是不一样的。事实上，这两个地区经济发展水平比较高，市场经济比较发达，在实践中探索出了比较有效的土地住宅制度，其中不少做法已经被内地所采用，比如香港地区解决困难群众住房问题的公屋制度和台湾地

区的土地规模经营、集约利用。所以，梳理分析这两个地区的制度和做法很有价值。

（一）香港地区[①]

香港地区在我国恢复行使主权前，曾为英国所统治。1903年，当时的香港政府改革了土地产权制度，规定除新界部分农业用地归当地村民所有外，其他土地的最终所有权归英国王室，由港英政府代为行使。1997年我国对香港恢复行使主权后，《中华人民共和国香港特别行政区基本法》第七条规定："香港特别行政区境内的土地和自然资源属于国家所有，由香港特别行政区政府负责管理、使用、开发、出租或批给个人、法人或团体使用或开发，其收入全归香港特别行政区政府支配。"香港土地的国家所有制严格限制了土地所有权的转让，政府只向土地使用者出让使用权，不出让所有权。

香港的土地实行政府所有制下的土地租用制，除授予圣约翰大教堂土地永业权外，其余的都只授予租业权。在实践中，香港实行了土地批租制和土地年租制的混合体制。按照土地批租制，政府在一次性出让若干年限的土地使用权时一次性收取整个出让期限内各个年度地租的贴现值总和，也就是土地出让金。土地出让金收入的一半归本届政府，另一半作为土地基金，归将来的政府使用，

---

① 梁涛. 我国香港地区的土地使用权出让制度[C]//蔡继明，邝梅. 论中国土地制度改革：中国土地制度改革国际研讨会论文集. 北京：中国财政经济出版社，2009：679-683.

防止本届政府把未来政府的土地收益资金全都花掉。根据香港《地租〈评估及征收〉条例》，1985年5月27日以后新批租的土地，土地承租人除了要一次缴清出让金外，还要按年缴纳实际年租金。未到期的批租土地还实行名义年租金制，续约和新批租土地则全部实行实际年租金制。在征收范围上，除了新界原居民的乡村屋可以豁免外，香港所有物业都要缴纳名义年租金和实际年租金。名义年租金数额很小，主要为表明政府对土地的所有权，在土地批租初期就已固定，每年不调整租值。实际年租金按年收取，租金不是固定不变的，而是每年通过重新评估房地产租金市值以及确定租率来调整。具体来说，实际年租金额等于物业应课差饷租值乘以固定的租率，即每年由香港政府下属的差饷物业估价署通过评估房地产租金的市值来确定应课差饷租值，然后根据调整后的应课差饷租值乘以3%来确定土地的实际年租金额。在租用年期上，早先香港土地契约的年期有75年、99年或999年。后来，香港岛及九龙半岛统一为75年，并允许续期；新界及新九龙的土地契约则从1898年7月1日起计，年期一般为99年减3天或75年加24年减3天。回归后，根据1984年《中英联合声明》，以前的土地契约继续有效并可续约或延长租期，目前新租约的期限最长只能到2047年。

香港特区政府在批租土地时，一方面根据实际情况采用比较灵活的出让方式。比如，对地理位置好、竞争比较充分的地块，采取公开拍卖的方式。又如，对医院、学校、公共设施等需要政府加以扶持的用地，采取私人协议的方式。再如，在实施公开招标的方式时，不完全由价格决定，一些开发计划虽然标价不是最高，但如果相对合理、比较符合政府需要，也能够中标。另一方面，特区政府针对所批租土地使用权的行使，实施了明晰、严格的土地租契制度。在香港，无论以何种方式批租土地，土地使用人都要和特区政府签订包含详细批地条款的土地租契，并必须严格遵守租契规定，不能擅自改变其中的条款或改变土地用途。在租契有效期内，使用人可以根据规定的条款建造地上建筑物，并连同租契在市场上出售。租契期满，土地连同地上建筑物一并由政府无偿收回。

香港是世界上人口最稠密的地区之一，地价和房价都很高，但香港通过发挥私人开发商和政府两个方面的积极性，形成市场为较高收入者提供商品房和政府为较低收入者提供公屋相结合的双轨住房供应体系，成为世界上公认的住房问题解决得比较好的典范。早在20世纪50年代，香港开始实行公共房屋制度，供符合条件的无房者及中低收入者租用。1973年，新成立的香港房屋委员会全面统筹香港公共住房的建设和管理，实行"十年建屋计划"，以人均使用面积3.3平方米的最低标准，为150万香港居民建设租住公屋。公屋租金低廉，每两年根据通货膨胀率调整一次，大概相当于同区域商品房租金的1/4、一般家庭收入的1/10。为鼓励租住公屋的家庭拥有自己的住房，以便腾出公屋给需要的家庭，政府分别于1977年和1978年实行"居者有其屋"计划和"私人机构参建"计划。"居者

有其屋"计划由政府免费拨地，由房屋委员会建设，然后以低于市场价30%～45%的价格卖给居民。"私人机构参建"计划由政府采用招标的形式把土地批租给私人开发商，私人开发商依照与政府约定的标准建成住房后，再以约定的低于市值的价格卖给居民。20世纪80年代后期，政府推出了"长远房屋策略"和"自置居所贷款"计划，将政策扶持重点从供给方转向需求方，即帮助居民自置居所，以逐步减轻政府负担。20世纪90年代以来，政府为中等收入家庭量身定做了一项"夹心阶层住屋"计划，一方面以优惠条件批地给房屋协会，房屋协会新建房屋以略高于政府新建房屋但低于市场的价格出售给中等收入家庭；另一方面以低息贷款给居民家庭供其在市场上购房。目前，香港大概有50%的居民居住在房屋委员会和房屋协会建设和管理的各类公屋内。

香港地区的土地住宅制度比较成功，对内地目前正在推进的土地住宅制度改革来说，有以下几点启示：①土地批租制和土地年租制相结合的混合体制，兼顾到各方面情况，是一种适应市场经济发展的多赢的制度安排。对土地使用者来说，不会像在内地那样一次性支付土地出让金从而背上巨额资金负担，能够在使用期内分摊负担，有利于合理安排投资。对政府来说，虽一次性收取的出让金比较少，但相当于掌握了一笔稳定的源源不断的收入，而且每年根据房地产租金实际市值重新评估，可以分享土地增值收益，增强了财政的稳定性和可持续性。对市场的健康运行来说，实际年租金这个价格信号，比较准确地反映了土地市场的真实供求关系，既有利于优化土地资源配置，又有利于政府实时掌控土地市场情况，加强宏观调控，切实防止投机和泡沫的产生和蔓延。②土地公有制为政府主导公共住房发展计划提供了支撑。首先，由于掌握了土地这一稀缺资源，对住房难题，政府可以直接低价甚至无偿供应土地，实施"居者有其屋"计划。其次，政府通过土地批租，让富人承担高地价和高房价，土地批租收入则用来兴建租金较低的廉租房，以改善低收入阶层的住房问题。[①] ③香港地区尽管比较成功，但无论从社会经济结构看，还是从经济发展水平和财政实力，以及治理体系和治理能力看，中国内地都与香港地区的情况有很大的不同，简单地把香港地区的好做法复制到内地，无助于现实问题的解决。本书稍后介绍的中国台湾、新加坡、以色列等地区和国家的成功经验，在搬到内地时，也都会遇到这个问题。

（二）台湾地区

通常认为，国民党在台湾地区推行的土地改革比较成功，为台湾地区成为"亚洲四小龙"之一打下了基础。1949年，当时台湾的土地制度极为不合理，土地分配严重不均，56.01%的耕地为只占农村人口11.69%的地主和半地主所占有；剥削也极其残

[①] 文贯中. 吾民无地：城市化、土地制度与户籍制度的内在逻辑[M]. 北京：东方出版社，2014：116.

酷，地租一般在农民收获量的50%以上，有的甚至高达70%～80%。[①]
于是，台湾地区开展了第一次土地改革，分三个阶段推进：第一
阶段是"三七五减租"，也就是"二五减租"，农民向地主交纳
的地租额按土地全年收获量的50%计算，在此基础上再减去25%，
即50%×（1-25%）=37.5%。1950年6月，台湾地区公布《耕地
三七五减租条例》，规定，耕地地租额不得超过主要作物正产品全
年收获总量的37.5%，出租人不得预收地租及收取押金，租约一律
以书面形式订立，租佃期不得少于6年，等等。第二阶段是"公地
放领"，把从日本人手中接收过来的"公地"，按根据家庭人口和
耕作能力酌定的承领面积出售给农民，地价为耕地主要农作物正产
品全年收获量的2.5倍，由承领农民分10年偿付，不负担利息。第
三阶段是"耕者有其田"，规定有偿征收地主超过法定田地限额
的土地，再按公地放领方式出售给农民。政府分10年向地主偿付
地价，偿付方式是给地主土地债券（占70%）和公营企业股票（占
30%）。土地改革的效果立竿见影，1952～1960年，台湾地区自耕
农人数从38%猛增到64%，佃农人数则从36%减到14%，自耕农成
为台湾农村中农户的主体，生产积极性极大提高，同一时期耕作生
产力差不多提高了50%。值得一提的是，被强制征购土地的地主，
由于获得了土地债券和企业股票，大多分享了经济发展成果，有的

---

① 李非. 台湾土改的启示[J]. 南风窗，2009（3）：47.

甚至一跃而成为工商巨头，比如板桥林家、鹿港辜家等。

到20世纪60年代，台湾地区逐步推行工业化，工业成为发展的重点，相对忽视了农业生产的发展，加上第一次土地改革之后，虽实现了"耕者有其田"，但客观上鼓励了小农经济和土地过度分散细碎经营，影响了农业土地的有效利用和规模经营，同时土地交易成本过高，鼓励了土地投机行为，有的耕地被荒废，一度出现了农业负增长。60年代开始的以"农地重划""辅导小农转业"等为内容的改革，是为了打破以土地小农私有制为基础的小农经营，推动规模经营，发展现代大农业，以实现"地尽其利、地利共享"的目标。"农地重划"，就是以"合耕分营""合营分耕""合营合耕"等自愿结合的形式，或者以互换土地的方式，把分散或不规则的小块土地集中起来，加以综合利用，以提高效益。1962～1971年的10年"农地重划"期间，农业生产指数上升了19.6个百分点，同期农作物生产总值增长约40%。[①] "辅导小农转业"，就是鼓励无耕种能力的自耕农出售土地，辅导其转业，同时低息贷款给有能力的农户购买其他农户弃耕或厌耕的土地，以扩大经营规模。1979年9月～1982年年底，台湾当局贷出新台币13.237亿元，贷款农户4 911户，购买农地2 555公顷，贷款农户的平均耕地面积由原来的

---

① 李非. 台湾土改的启示[J]. 南风窗，2009（3）：47.

0.9413公顷增为1.4615公顷，增加比例达55%。[①]

到20世纪90年代，随着经济转入后工业化时代和经济全球化的发展，对经济的开放性、流动性和土地等资源的市场化配置要求更高，原先"耕者有其田"政策的负面影响逐渐显现。比如，限制农地自由买卖，导致非农建设和城市用地严重不足，地价飙升，产业经营成本急剧上升。又如，有的农户过分看重自己的私有土地利益，不愿配合对公益设施建设有利的"农地重划"，公益设施即使一时建设起来也难以长期维护，擅自侵占农路、水路等公益设施的现象屡见不鲜。于是，台湾地区在90年代实施了第三次土地改革，重点是放宽土地流转限制，解决农地的市场化问题，以适应土地规模经营以及不断增长的经济建设和非农业部门的用地需求。其中的突破在于：一是放弃全面保护农场的立场，不再坚持优良农地不得变更为非农业用地的原则；二是同意农地变更用途，从以往的供给引导，转为需求引导，开放农地自由买卖，严格监控农地农用，落实农地管理。[②]

鉴于近些年来农业劳动力迅速老化，农业经营规模仍然较小及产业竞争力有待提高等问题，台湾地区于2009年推出了"小地主、大佃农"政策。主要内容有：一是建立老农退休机制，释放出土地

① 刘正山. 大国地权：中国五千年土地制度变革史[M]. 武汉：华中科技大学出版社，2014：283.

② 李非. 台湾土改的启示[J]. 南风窗，2009（3）：48.

的老农不受"三七五减租"限制，只要签约3年以上，即可领受每期每公顷5万新台币的收入，且无须负责相关土地管理费用，使老农安心离农退休。二是支持大佃农承租农地实施规模经营、企业化运作，承租每公顷土地政府补贴3.5万新台币，自己只需支付1万新台币租金。此外，如果种植饲料玉米、有机作物等，还可享受政府提供的生产奖金。这些措施都有利于农业在转型升级中更好地适应现代经济社会发展。

和香港地区一样，台湾地区也人多地少，也有被称为"国民住宅"的保障性住房，但与香港公屋在整个住房供应体系中的地位不同，"国民住宅"在台湾住房的总供给中所占的比重只有5%左右，申请到"国民住宅"的台湾家庭只是极少数，台湾地区的住房供应主要是靠市场调节。台湾农民拥有土地所有权，在城市化中分享了较多的利益，大多完全有能力在市场上购买住房。在20世纪80年代时，台湾地区城市化水平达到60%，85%的城市居民在城市中有自己的住房。

1950年，为解决大陆来台军眷的住宅问题，台湾地区开始建设"国民住宅"，但当时发展比较缓慢。1975年，台湾地区公布了相关条例，"国民住宅"建设进入政府直接兴建阶段，并制订了1976～1981年"国民住宅开发计划"，计划以公费兴建的方式完成107 000套住房，至1981年6月底实际完成率只有67.83%。1982年，台湾又制订了1982～1985年"国民住宅四年兴建计划"，除了政府直接兴建

外，还增列了"贷款人民自建"及"奖励民间投资兴建"等方式。1989年以后，"国民住宅"的提供方式越来越多样化、市场化，主要采取综合开发和银行贷款、居民自购的方式，由政府直接建造提供的越来越少。到1999年，一方面由于经济长期低迷，房地产市场竞争激烈，"国民住宅"的吸引力下降，另一方面很多困难家庭的住房问题已经得到一定程度的解决，台湾地区停止兴建"国民住宅"。进入新世纪后，根据不断发展变化的实际，台湾地区适时调整了住房政策。比如，2005年台湾地区制定了《整体住宅政策》，提出了尊重多元与差异，鼓励民间共同参与，兼顾市场效率与社会正义等原则，并确定了健全住宅市场、建立公平效率之住宅补贴制度、提升居住环境质量三大政策架构。又如，2009年台湾地区公布了《青年安心成家作业规定》，规定凡新婚或育有子女的租屋、购屋者，只要符合规定条件，均可享受租金补贴和购置住宅贷款利息补贴。

纵观台湾地区20世纪50年代以来的土地住宅制度改革，其中既有成功的经验，也不乏失败的教训，可以说是"成也土改、败也土改"。第一次土地改革，打破了"大地主、小佃农"的格局，解决了地权分配不均的问题，调动了农民发展生产的积极性，并在偿付大地主土地债券和企业股票的过程中，盘活了土地资本，融通了资金，为台湾地区发展工业和经济建设提供了资本。在土地改革条件下的农业发展，为工业的成长提供了市场、资金、外汇、劳动力和原料，土地改革成为台湾地区经济腾飞的起点。[①] 但也要看到，把均田制和私有制相结合的第一次土地改革，却为以后的土地产权调整、土地经营开发甚至政治经济的运行造成了不可估量的影响。比如，为推进土地规模经营、发展现代农业，台湾地区之后一直致力于形成"小地主、大佃农"的局面，但效果一直很有限。又如，由于土地小农私有制，土地交易成本很高，在城市化的进程中稀缺的土地资源导致投机盛行，引起分配不公。后来为推行均富政策，对涨价的土地实施"按实价课税"的政策，实行"涨价归公"，但由于既得利益群体的抵制又功败垂成。实际上，台湾地区在推行"国民住宅"政策时没有实现预定目标，与土地私有制下征用土地困难也有很大的关系。

七、中国土地住宅制度演变的特点和规律

改革创新中国土地住宅制度，充分借鉴和吸收国外的做法和经验固然重要，从历史的角度客观把握中国的现实国情，分析其中的发展特点和规律，坚持和发展被实践证明行之有效的做法也必不可少。由于土地问题的复杂性、特殊性，有的学者言必称发达国家先进经验如何重要，有的学者动辄土地问题关系国本、"谈改变

① 刘正山. 大国地权：中国五千年土地制度变革史[M]. 武汉：华中科技大学出版社，2014：281.

色"，这些都不利于对土地住宅制度改革问题进行客观冷静的分析研究。有鉴于此，我们归纳梳理了中国土地住宅制度的历史演变和特点，为客观分析研究中国土地住宅制度及改革问题提供参考。

（一）透过周而复始简单轮回的历史表象，古代几千年土地制度的演变实质上都围绕着地主土地所有制这条主线不断螺旋式上升

地主土地所有制的突出特点是地主占有大量土地，出租给农民并收取田租，达到凭其对土地的占有而对无地或少地农民进行剥削的目的。纵观古代几千年封建土地所有制的发展演变，虽然地主土地所有制、国家土地所有制、农民土地所有制在不同时期发挥着不同作用，但在整个封建社会历史中，占支配地位的是地主土地所有制，这是封建生产关系赖于存在的基础。地主土地所有制对于中国封建经济的发展繁荣曾发挥过积极作用，封建朝代的周期性更替，又与这种所有制下的土地兼并及利益分配有着直接的关系。通常，新王朝建立初期，土地资源相对丰裕，国家分田地给农民，并抑制地主豪强兼并土地，兼顾了国家、地主、农民三者的利益。后来随着社会经济的发展，人口迅速增加，马尔萨斯意义上的人地矛盾突出，农民生活困难，地主趁机加紧兼并土地，国家、地主、农民之间的利益分配失去了平衡，损害了农民利益，最终引发农民反抗、王朝覆灭。

在研究当下的土地改革问题时，相比较西方国家的所谓先进做法和成熟经验，有的人想当然地认为，在中国古代封建王朝的兴替更迭中，土地制度只呈现出了周而复始、循环往复的特点，其中的思想理念和做法经验几乎一成不变，也没多少规律可言，再加之与当前的发展实际相去甚远，因此并没有多少可资借鉴的意义和价值。应该说，这样的认识是有失偏颇的，反映了对中国古代历史规律的研究缺乏实事求是的态度，没有做到透过现象看本质。不能正确看待中国几千年的历史，就很难客观看待中国当下的现实国情。事实上，循着地主土地所有制这条主线，按照时间序列对每个朝代进行梳理分析，可以发现在朝代接续中，从井田制的废除到秦汉和隋唐时期地主土地所有制在"公田"和"私田"并存中的曲折发展，到唐代中叶和宋元时期地主土地所有制的进一步确立和巩固，再到明清时期地主土地所有制在制度创新中的充分发展，其中既有土地制度的不断改革创新，也有赋税制度和社会治理的与时俱进，绝不能直观地认为是地主土地所有制的简单重复，而是呈现出螺旋式上升的特点，并得到了持续不断的巩固、完善和发展。

（二）土地国有制或公有制，是实现老百姓千百年来"耕者有其田""居者有其屋"期盼的基础和保障

根据已有史料，在古代社会以井田制为代表的公有制下，老百姓"耕者有其田""居者有其屋"。东汉及曹魏时期推行的屯田制，是一种典型的封建土地国有制，在实践中也比较好地实现了"耕者有其田"。北魏和隋唐时期，政府实行的均田制，也是以封建国家手中掌握一定数量的土地为前提。根据当时的均田法令，政府对农民所授的田地，永业田可传子孙，口分田到年老后归还政府，永业田和口分田均不许买卖。均田制的推行，带来了经济的复苏和繁荣，在隋至唐前期短短100多年间，先后出现了历史上少有的几个盛世，如开皇之治、贞观之治、开元之治等。[①] 唐朝中期杨炎建议的两税法推行后，相当于放弃了均田、公田的政策，私田、土地私有制逐步占据主导地位。土地私有制下土地的自由买卖会导致土地兼并，使大批自耕农失去土地从而破坏"耕者有其田"基本原则，这是古代农业社会无法解决的痼疾。[②] 自此以后，中国农民持续不断地为获得并长久保有土地而抗争，几乎所有声势浩大的农民起义也都高举"均田"的口号，但由于土地公有制的问题没有解决，"均田""耕者有其田"等目标都未能实现，直到新中国成立后，重新确立起土地公有制。

中国共产党在领导土地革命时提出的"打土豪、分田地""实行耕者有其田""废除封建土地所有制"等耕地农有的主张，既是马克思主义先进理论和思想的胜利，也是中国老百姓千百年来埋在意识深处的期盼的共鸣，所以得到了广大群众的热烈欢迎和大力支持，土地革命也很成功。事实上，20世纪50年代初，在农民自愿基础上实行的农业生产互助合作，确实促进了生产效率的提高。不能

① 甘藏春.社会转型与中国土地管理制度改革[M].北京:中国发展出版社,2014:28.
② 王至元.现代中国农村土地制度的三次变革和深化改革的思路[C]//蔡继明,邝梅.论中国土地制度改革:中国土地制度改革国际研讨会论文集.北京:中国财政经济出版社,2009:513.

否认，土地集体所有制在一定程度上有利于解决贫富悬殊、土地兼并等问题。农业生产互助阶段的农民合作化道路，遵循马克思的农业合作经济理论，壮大了集体经济基础，保障了农民权利，调动了农户参与的积极性，进出自由以及农户相互合作的重复性博弈形成了"自我监督"的合约结构。[1]

从香港和台湾地区的实践看，光就实现百姓"居者有其屋"理想来说，公有制也是较好的制度选择。在香港地区，由于实行土地公有制，政府掌控稀缺的土地资源，既可以视具体情况为住房困难家庭直接低价或无偿供给土地，也可以通过批租土地获得收入，为建设廉租屋和公屋融通资金，实现"涨价归公"的目的。形成鲜明对比的是，台湾地区实行的是土地私有制，在建设保障性的"国民住宅"时，首先就遇到了土地征用困难，建设计划未能按要求完成，其次建设资金过分依赖财政预算，而财政预算往往又捉襟见肘，这些都导致政府在解决住房困难家庭问题上有心无力、失信于民。所以，一言以蔽之，从根本上解决"耕者有其田""居者有其屋"问题，土地公有制是可以倚重的。

（三）无论从历史发展大势看，还是从阶段性的历史发展看，土地住宅制度总体上朝着更具开放性、流动性、包容性的方向发展

现代化的道路就是一条冲破对人和其他生产要素的各种制度性约束，让各种要素在一国内，最终在全球范围内自由流动、自由组

① 蒲坚. 解放土地：新一轮土地信托化改革[M]. 北京：中信出版社，2014：142.

合的道路。^① 从世界历史发展大势看，在现代化道路上，各个国家和地区之间的交流交往必然越来越频繁，在这样的大背景下，判断有关土地等的重要制度安排的优劣，很重要的标准是制度安排是否具有开放性，是否能够促进对外交往交流，是否能够包容经济社会的多样性、多元化发展。古代社会的井田制，为先民的生产生活提供了保障，但这种制度是以静态社会为前提的，而与社会发展的开放性、动态性相冲突。早在先秦时期，韩非子就发现"今人有五子不为多，子又有五子；大父未死而有二十五孙"，导致"人民众而货财寡，事力劳而供养薄"。^② 周朝的组织是使一切事物按照固定的方式维持一成不变的关系，可是人口激增之后，环境变更，这种安排已无法维持。社会的流动性起先使贵族间的等级不容易保持，继之则连贵族与平民间的界限也被冲破。^③ 在随后的悠悠历史中，尽管出现过间歇性、暂时性的反复，但中国土地住宅制度总体上朝着更具开放性、流动性、包容性的方向发展，从土地不能交易买卖，到确立相对完全、相对自由的土地私有制，农民和佃农可以依靠买卖获得土地，再到明清时期土地市场发达和土地买卖交易活跃，普通老百姓越来越自由地在各地工作生活定居，土地住宅资源

① 文贯中. 吾民无地：城市化、土地制度与户籍制度的内在逻辑[M]. 北京：东方出版社，2014：28.
② 甘藏春. 社会转型与中国土地管理制度改革[M]. 北京：中国发展出版社，2014：31.
③ 黄仁宇. 中国大历史[M]. 北京：生活·读书·新知三联书店，2007：20.

越来越便捷地进行流转交易。

从每个历史时期的具体发展阶段看，土地住宅制度也是朝着更具开放性、流动性、包容性的方向发展。比如，唐朝前期推行的"均田租庸调法"，要求"添丁必授田，减丁必还田"，还配之以对户籍人口进行管理的"乡账"制度，这是典型的较为封闭的、稳定的制度安排。到了唐朝中叶，这一制度与不断变化的现实社会越来越脱节，朝廷掌控的户口数由唐玄宗时的900多万户减至唐代宗时的130万户，连必要的财政收入都保证不了，最后以更具灵活性的两税法取而代之。又如，明朝开国皇帝朱元璋推行的"黄册""鱼鳞册"和里甲制度，虽然强化了国家对基层社会的管控，但也是以基层社会的静态和相对封闭为前提，制度与现实脱节的问题很快就显示出来，后来还出现了诸如"一里之地，满县纷飞，满县之田，皆无定处"的尴尬局面。还有，中国农村过去实行的"三级所有，队为基础"的制度，甚至现行的农村土地集体所有制，其中存在的突出问题，正是静态的制度安排难以适应开放、动态、包容的发展要求。所以，在顶层设计中国土地住宅体制时，必须统筹考虑到制度安排的开放性、流动性和包容性。

（四）在现实的社会生产生活中，土地产权制度安排大多以所有权与使用权相分离的方式存在

土地所有权与使用权的归属问题，是土地产权制度的基本内容。在原始社会，土地属于氏族公有，由氏族成员耕种使用，土地

所有权与使用权是分离的。实行井田制后，土地所有权属于国家，百姓在井田上灌溉耕种，所有权与使用权也是相分离的。后来，随着井田制的破坏，土地私有制的出现，拥有土地的新兴地主把土地分给逃亡奴隶或破产百姓耕种，并从中收取地租，所有权与使用权相分离也就进入了与地主剥削制度联系在一起的历史时期。从东汉末年起，豪强地主乃至士族地主集团的势力不断膨胀，拥有所有权的地主与行使使用权的农民之间的租佃关系，进入了人身依附关系比较严重的时期。唐代中叶以后，农民和佃农依靠买卖获得了土地，特别是明清时期大量自耕农的出现，土地所有权与使用权在一定程度一定范围内较为一致。明清时期，封建租佃关系中主佃之间的人身依附关系不断走向瓦解，土地所有权与使用权相分离也有了新的发展。比如，出现了所谓的永佃权，即对同一块土地，在地主对它拥有田底权（所有权）的同时，由佃农拥有它的田面权（使用权）。地主在买卖田底时，不能随意更换这块土地上的佃农；佃农使用土地及在转让田面时，也不受地主的干预。这种形式在明朝中叶后广泛流行，尤其在南方经济较为发达的江苏、浙江、安徽等省。民国时期，永佃权更加发达，1936年江苏永佃农占佃农总数的40%，浙江占30%，安徽占44%。

当前，中国城乡土地的所有权与使用权相分离，城市土地在国家所有的前提下，将土地使用权以一定年期和租金出让给土地使用者有偿使用；农村土地集体所有，由农民家庭承包经营，并赋予长期而有保障的使用权。近年来，中国力推农村集体土地所有权、承包权、经营权三权分置，引导土地经营权有序流转，实际上就是对土地所有权与使用权相分离的积极探索。在下一阶段的土地改革中，应该继续坚持的是所有权与使用权相分离的产权制度安排。

（五）提高国家汲取能力，为国家机器正常运转提供必要的财力支撑，是政府改革设计土地住宅制度时考虑的重点

国家汲取能力是指政府从社会获取财政资源的渗透能力，它是国家制度建设的首要任务。帝制时代的中国，国家财政仅是整个国家经济的一个很小的部分，政府收入从来没有超过GDP的4%。[1]尽管如此，提高国家汲取能力，确保政府有足够的财政收入，始终是中国历代王朝维持统治的头等大事。对处于传统农业社会的中国来说，由于土地是最重要的生产要素，也是财富之母、财富之源，"有人此有土，有土此有财，有财此有用"，所以，处理好国家、地主与农民之间的土地利益分配关系至关重要。中国历史上的有为之君都善于处理土地利益分配关系，在抑制豪强地主的同时，也会对农民实行安抚政策，达到利益均衡，比如曹魏的屯田制是"宜顺其意"，北魏的均田制是"因民之欲"。[2]

---

① 王绍光. 美国进步时代的启示[M]. 北京：中国财政经济出版社，2002：48-49.
② 甘藏春. 社会转型与中国土地管理制度改革[M]. 北京：中国发展出版社，2014：29.

从历史上的王朝兴替看，一般来说，新王朝建立初期，国家资源动员能力和汲取能力比较强，既能与民休养，又能确保国家机器运转的正常需要，实现了国家和农民的双赢。但到了中后期，随着国家汲取能力的下降，一方面苛捐杂税丛生，农民不堪重负，另一方面财政入不敷出，内忧外患不断，最后一发不可收拾地滑向历史的宿命。特别是唐朝中期经安史之乱与荒年后，朝廷掌控的纳税户口数锐减，国家汲取能力大大下降，财政濒临崩溃。在历史发展的关键时期，"青苗钱"、按亩征收等办法粉墨登场，宰相杨炎更是建议推行两税法，把"量出为入"作为国家财政的指导原则，为国家敛财大开方便之门。自此以后，各朝代在土地制度改革问题上，关注的重点不再是产权安排，而是如何提高国家汲取能力，如何征收赋税。历史上著名的北宋王安石变法、明朝张居正"一条鞭法"、清朝雍正"摊丁入亩"改革，不管冠冕堂皇的理由是什么，很重要的原因都是为解政府财政燃眉之急。

新中国成立后，计划在"一穷二白"的底子上建立独立的比较完整的工业体系和国民经济体系，必须先有强大的社会资源动员能力和国家汲取能力。正因为如此，新中国一方面在城市推行土地国有化，另一方面在农村变"耕地农有"为集体所有，迅速推进人民公社化改革，把包括土地在内的所有重要资源都牢牢掌控在国家手里。新中国成立后新政权的汲取能力达到了史无前例的水平，1953年时国家预算收入占国民收入的份额甚至超过了30%，这么高的比例不仅体现在不同历史时期的比较上，同时也体现在与同期其他国家的比较上（详见表1-3）。[①] 当前，中国已步入工业化的中后期阶段，虽然从土地资源汲取收入已没有历史上那么重要，但土地和住宅始终是国家财政筹集收入的重要来源，深化土地住宅体制改革，必须统筹考虑提高国家的财政汲取能力。

表1-3　　20世纪50年代发展中国家的国家汲取能力[②]

国家	税收收入占国民收入的份额（％）
中国，1950年	15.8
中国，1951年	25.1
中国，1953年	30.1
缅甸	19
埃塞俄比亚	5
印度	10
印度尼西亚	13
利比里亚	16
巴基斯坦	10
泰国	12

（六）提高管理的精细化、数字化水平，是有效实施土地住宅各项制度安排的必然要求

有学者认为，与西方的文化传统相比，中国的儒家传统擅长道

---

① 王绍光. 美国进步时代的启示[M]. 北京：中国财政经济出版社，2002：50-51.

② 同①50.

德伦理教化，而不善于量化思维、精细化管理，甚至认为这是中国近代落后的深层次原因。应该说，这样的认识并不客观。事实上，中华农业文明发达，很重要的原因是中国曾是世界上最早对土地进行精细化管理的国家。在公元前两千多年的夏禹时，就已有"九州"各地的土地调查；在西周青铜器彝器铭文中，便有土田的数字可稽；春秋中叶以后，鲁、楚、郑三国先后进行过田赋和土地调查；唐代中叶尤其是宋代以后，土地私有日益发达，地籍逐渐取得与户籍平行的地位；明代中叶以后，进行了全国统一的土地彻底清丈，鱼鳞册成为征派赋役和地籍管理的主要依据。[①] 从各朝代的管理实践看，无论是强化对土地的管理，还是筹集政府财政收入，都离不开具体细化的政策依据和数据基础。比如，唐朝的租庸调制虽为不少历史学家所推崇，但该制度的推行要靠账簿户籍的统计清查，账籍管理跟不上，再好的制度也只能束之高阁。又如，宋朝初期宋太宗实行了土地自由买卖政策，地主豪强不断兼并土地，并采取各种办法隐瞒实际拥有的土地，导致国家财政收入锐减。后来为挽救宋朝危机，王安石实行了变法，其中的方田均税法就要求清丈全国土地，核实土地所有者。

新中国成立前后实行的土地改革，成效有目共睹，其中的一大经验是在改革中注重广泛发动群众，进行了全面细致的土地调查登

---

① 甘藏春. 社会转型与中国土地管理制度改革[M]. 北京：中国发展出版社，2014：30.

记工作，摸清楚了土地权属、土地种类、土地面积、土地四至界限、土地登记等详细情况，为制定科学合理的政策、开展土地改革打下了坚实基础。反观之前的国民党政权，据1935年的资料，除江苏、广东等少数省份设县一级土地局外，其余各省大都无县一级常设的专管地政机关，其在大陆土地改革的不成功，与基层组织机构不健全、土地管理水平较低有着直接的关系，正可谓"执政二十年，连测量清丈还没有弄好，遑论其他"。[①] 同样的道理，实施住宅制度，也需要较强的精细化管理能力。比如台湾地区推行的"国民住宅"计划，由于管理能力没有跟上，无法逐人逐户进行审核复查，于是虚假申请时有发生，严重影响制度的公平性及有效性，也影响了制度的可持续发展。从当前我国的土地住宅情况看，各地的土地住宅产权登记信息不够精确，也缺乏现有的住房结构、房屋状况以及住房需求的准确数据，不利于全面掌握情况，更不利于做出科学的改革决策。所以，我国深化土地住宅体制改革，当务之急是加强基础性的信息收集整理工作，提高土地住宅管理的精细化、数字化水平。

（七）富民安居是伴随城市化发展而来的重大挑战，也是城市化进程中改革创新土地住宅制度的重要内在目标

中国唐朝以前由于土地资源丰富的缘故，个人自己一番劳作便

①　刘正山. 大国地权：中国五千年土地制度变革史[M]. 武汉：华中科技大学出版社，2014：276.

可在土地上解决居住问题，除非成为"鳏寡孤独废疾"这类社会弱势群体，否则国家不会顾及其居住问题。[①] 唐朝以来随着城市商业的发展，城市与普通百姓的距离越来越近，居民特别是普通百姓不断在城市集聚，城市土地和住宅资源相对稀缺的问题开始凸显，出现了"长安居大不易"的情况。

在现代社会，老百姓涌入各大中小城市，有了一些新的特点和意义。首先，这体现了老百姓对美好生活的憧憬和向往。尽管城市里的生活不一定好过，但在很多中国农民百姓的心灵深处始终有这样的情结，即在城市生活居住意味着富足，意味着享有美好的生活。正如2010年上海世博会的主题所揭示的"城市，让生活更美好"。其次，把农业剩余人口转移到非农产业，把农村人口集聚到城镇生活，是在工业化、城市化进程中实现富民目标的必然要求。古今中外的发展实践都在证实一个道理：在一个迅速现代化的社会中，要让农村人口从农村加速转移出来，主要是转移到制造业和服务业中去，剩下的农民才有致富的希望。[②] 从我国的实际情况看，目前56.1%的城镇化率中，包含了2亿多的农民工，扣除这部分人后，真实的城镇化率不到40%，因此农民向制造业、服务业以及城镇的转移并不充分，导致富民问题始终不易解决。最后，适当的土

---

① 代刃，张亮. 论我国住房保障制度的历史脉络[J]. 人民论坛，2013（26）：173.

② 文贯中. 吾民无地：城市化、土地制度与户籍制度的内在逻辑[M]. 北京：东方出版社，2014：16-17.

地住宅制度安排是在城市化进程中实现富民安居的必然要求。比如，台湾地区的农民由于拥有土地所有权，更多地分享到了城市化带来的利益，不仅有能力在市场上购买住房，而且还能够享有较富足的生活。又如，在香港地区，虽然土地所有权属于政府，但政府提供了水平比较高的住房保障福利，居民也没有安居问题。反观中国内地目前的状况，由于城乡二元的户籍制度和房地制度不利于农民进城定居，农民不仅面临高昂的城市房价，而且许多本该享有的利益得不到保障，富民安居问题较为突出。

第二章

土地住宅制度的国际比较

　　从国际比较的视角来探索改革经验、发展规律，是研究分析经济社会发展重大问题的基本方法。从目前关于土地住宅制度的国际比较看，侧重对某类国家的研究比较多，比如专门分析发达市场经济国家的做法和经验，而结合中国的实际情况，把不同类型的国家摆在一起开展研究的则相对较少。有鉴于此，本章重点研究了市场经济发达国家中的美国、英国、德国，实行社会主义制度的古巴、越南、朝鲜，以及土地住宅制度安排比较有特色的新加坡、以色列等三类国家，并进行了横向比较分析。

一、美国、英国、德国的土地住宅制度

　　社会主义市场经济是中国改革的方向，美国、英国、德国作为

西方市场经济发达国家的代表，其在建立健全土地住宅制度中的一些做法和经验，比较有参考借鉴的价值。

（一）美国

美国有全世界最自由的土地制度，个人拥有土地所有权是其基本理念，这种制度和理念可以追溯到英属殖民地时期。当时，有三种所有制形式的土地同时存在：一是私田，由英王赐给村社和社团，村社和社团再将土地分给居民；二是公地，即公共所有的土地，一般是牧场、森林和荒地；三是小地产，由移民自行占用，比如自耕农和小型农场。1785年，美国颁布了独立后的第一个土地法令，规定政府按低价出售公有土地。1785年时，一次买地的最小规模是640英亩（1英亩≈4 047平方米），每英亩最低地价是1美元。后来，美国通过八次大规模领土扩张，获得了广袤肥沃的土地，其中75%属于公有土地。1862年林肯政府颁布的《宅地法》采纳了自由派的观点，即为达到美国人民人人有权获得土地的目标，政府应廉价出售公有土地，这实际上要求实现土地资源的私有化。为此，《宅地法》规定，所有年满21岁的美国公民，只要以耕作为目的，只需交少量登记费（初期为10美元），就可领到160英亩土地，在领得的土地上连续居住或耕种5年后，就可取得土地的所有权，或在土地上住满6个月并对土地有所改良，可以按每英亩1.25美元的价格购买其所有权。1862～1926年，政府发出了139万多张土地所有权证书，授地面积约22 615.9万英亩。[①]

目前，在美国全部的国土面积中，私人所有的土地占58%，主

① 蒲坚. 解放土地：新一轮土地信托化改革[M]. 北京：中信出版社，2014：97.

要分布在东部；联邦政府所有的土地占32%，主要分布在西部；州及地方政府所有的土地占10%。[①] 联邦、州、县、市在土地的所有权、使用权和收益权上各自独立，不存在任意占用或平调行为，确实需要时依法通过买卖、租赁等有偿方式取得。在美国广大农村，土地主要有私有和公有两种基本形式。私有土地一般采取自有自营的形式；公有土地并不是由国家直接经营，而是通过租佃的形式由农场主经营，也就是说，公有土地的所有权掌握在国家手中，政府对公有土地只保留法律意义上的所有权及其相应的收益分配权，其他包括经营权、使用权、处置权大部分在内的一切权益，均归农场主所有，以此来提高土地的生产率。随着农业生产的发展，土地国有比重相对下降，私有比重略有上升。在美国的农场制度中，近年来农场主土地自有率呈下降趋势，农地自有率在19世纪前期为95%以上，到20世纪末连30%都不到。同时，主要依靠租用别人的土地进行经营的农场主越来越多，1950年以前，这种农场主的比例在37%以下，20世纪90年代后却增加到60%以上。[②]

美国国家法律保护私有土地所有权不受侵犯，各种所有制形式的土地均可以自由买卖和出租，土地实行有偿使用。通常，政府对私人土地的买卖和出租并不加以干预，凡法律承认的私人土地，只

[①] 刘正山. 大国地权：中国五千年土地制度变革史[M]. 武汉：华中科技大学出版社，2014：52.

[②] 王环. 从新农村建设的角度看美国农地产权制度[J]. 农业经济，2007（7）：28.

要到当地政府机构办理有关手续，并向政府缴足规定的税金，即可完成其所有权的转移。土地所有权可分为地下权（包括地下资源开采权）、地面权和地上空间权（包括建筑物大小、形状等），这三部分权益可以分别转让，政府无权任意征用与拆迁。土地所有者愿意让政府在自己土地上修路以换取开发权，开发道路、学校等基础设施费用由政府负担，开发商仅需提供宅基地上的建设费用。取得私有土地权与开发权的代价不高，使得大笔资金注入土地投资与开发，土地供应量大且地价低。在征地方面，美国是按征用时市场上的公平价值进行补偿，不仅包括征用时的使用价值，而且包括被征用财产的最佳使用价值，即财产因其开发潜力所具有的"开发价值"，体现了对私有财产权益的保护。美国征用土地主要分两种形式：第一种是警察权，指政府为了保护公众健康、安全、伦理以及福利而无偿对所有人的财产施以限制乃至剥夺的行为。这种征用方式虽不需要支付补偿费，但适用的情形非常有限，并受相关法律严格制约。第二种是有偿征用，指政府依法有偿取得财产所有者的财产的行为。美国宪法第五修正案规定了有偿征用的三个要件：正当的法律程序、公平补偿以及公共使用。

美国地产市场发达，制度健全，价格由市场供求关系决定。私有土地价格完全由当事人双方根据土地的经济价值自行确定，或者由私人估价公司帮助双方达成协议，但政府可通过定价权和优先购买权控制交易价格。政府对私人土地的管理主要是通过登记收费和规划引导。城市规划在美国具有很高的权威性，任何投资者都必须严格遵守其规定，否则会受到法律的制裁，蒙受巨大的经济损失。[①]

20世纪20年代以前，美国城市化水平不高，住宅产业主要属于私人经济领域，现代城市中的住宅问题并不突出。1929年世界性经济危机发生后，大量工人无家可归，既是为解决民生问题，也是为拉动、恢复经济，国家公共住房政策开始实施。1937年，罗斯福政府颁布了首个住房法案，提出联邦政府资助地方政府为低收入者建造符合标准的公共住房，居住者需按收入交纳一定房租。1949年美国国会通过的住房法，把住房政策的对象从低收入阶层调整为全体美国人民，即"为全体美国人民提供体面、安全和整洁的房屋"，并提出每年兴建公共住房。为完成任务，地方政府通过收购贫民窟等，整理土地后用于公共住房的建造，并将其中的大部分出售给发展商，为建设公共住房融资。20世纪60年代，鉴于战后婴儿潮时期出生的人口开始组建新家庭，住房需求大幅攀升的现实，约翰逊总统签署的民权法案提出实施房租援助计划和抵押贷款援助，其中房租援助计划既直接向低收入家庭提供租金补贴，又向住宅开发商提供低于正常市场水平的贷款利率，使其为中低收入者提供低于正常市场租金水平的住房。自70年代开始，由于市场上的住房总量比较

① 刘亚萍. 美国的土地征用制度[C]//蔡继明，邝梅. 论中国土地制度改革：中国土地制度改革国际研讨会论文集. 北京：中国财政经济出版社，2009：675.

充足，住房领域的主要矛盾从住房短缺变为低收入阶层所付房租相对其收入过高，美国政府住房政策的重点转移到对租户房租的直接补助上。1974年，尼克松政府出台了住房和社会发展法案，规定符合公共住房申请资格的租户可以通过从地方住房管理机构获得租金证明，到私人住房市场上租住规定租金范围内的住房。随后又提出了租金优惠券计划，政府发给受保障家庭一定的租金优惠券，租户可以在市场上自由租用住房，如果费用超过优惠券的额度，多出部分自己负担即可。显然，与限制较多的租金证明计划相比，在租金优惠券计划中，租户自主性更大。于是，此后的历届美国政府都将住房政策重点放在类似租金优惠券计划的货币租金补助上。比如，克林顿执政时期，政府计划将传统的住房彻底私有化，并将补贴全都留给租金优惠券计划。总的来看，美国的公共住房政策是相当成功的，既解决了低收入阶层的住房问题，又让大多数美国人拥有了自己的住宅，目前大概有2/3的美国家庭拥有独立的住宅，基本实现了"为全体美国人民提供体面、安全和整洁的房屋"的目标。

"美国梦"不仅是美国人民的光荣与梦想，也受到世界各国人民的关注。在土地和住宅问题上，美国通过大力推进私有化，比较好地解决了富民安居问题。但需要注意的是，美国的成功，与其说是由于自由放任的私有化政策，还不如说是因为得天独厚的优越条件：一是幅员辽阔、土地肥沃，人口又相对比较少。林肯政府颁布《宅地法》后，年满21岁的美国公民，只需要交少量的登记费，就可领到近千亩土地，而且连续居住或耕种5年后，还可以得到产权。因此，和人多地少的中国不同，美国历史上农民几乎不存在为"耕者有其田"而苦恼。可以说，美国农民只要想耕就有田，想耕多少就有多少。二是经济发展水平比较高，经济实力雄厚。美国经济实力之强举世公认，到20世纪70年代就已经不存在住房短缺问题，这在世界上是很少见的。在这样的经济基础上，少数低收入家庭的住房保障问题，美国政府完全有能力包揽下来。三是市场经济体制比较健全，法治基础环境比较好。除了必要的管制和规划外，美国的土地住宅资源几乎完全由市场机制配置，政府只是充当"守夜人"角色，这些都是以美国比较健全的市场经济体制为基础的。市场经济顺畅运行，离不开良好的法治环境，而美国对土地住宅领域的有关重要事项都做了立法，并严格按法定程序实施。比如，在农用地管制方面，美国早在1936年就制定了《水土保持和国内生产配给法》，此后又相继制定了《土地政策和管理法》和《联邦土地管理法》，以此来加强对土地的开发与利用。在美国的城市化已基本完成后，美国政府于1981年又颁布了《农地保护政策法》，将全国的农地划分为基本农地、特种农地、州和地方的重要农地三大类，实行严格的用途管制。[①]

（二）英国

英国土地制度历史悠久，可以追溯到封建领地制经济。在英格

---

① 文贯中. 吾民无地：城市化、土地制度与户籍制度的内在逻辑[M]. 北京：东方出版社，2014：120-121.

兰,封建主义不仅是一种政治体系,也是一种土地持有制度。土地的完整所有权在封臣与领主之间进行分割,并形成了这样一种体系:顶端是作为所有人的领主的国王,国王以下是他的直接封臣或总佃户,而他们又是佃户的领主,后者可能是另一些佃户的领主,等等,一直到最低一级的土地实际使用者。圈地运动之前的很长一段时期里,封建领地制经济以庄园为组织形式,一个典型的庄园有一个中心村,耕地分为领主自营地和租佃领地两部分。农奴从庄园主那里领到一块租佃领地,一般为30英亩,收获归农奴所有;同时,农奴还要耕种领主的自营地,每周义务劳动3~4天,收获归庄园主所有。[1] 强制性灭失土地上的特定权利、重新调整土地归属的圈地运动发生后,[2] 英国逐步形成了典型的土地所有者、租地农场主、雇佣工人三位一体模式的资本主义农场制度。第二次世界大战后,英国原来的资本主义农场制度主要发生了三个方面的变化:一是租佃农场比重下降,自营农场比重上升。19世纪的英国,租佃农场在农村土地制度中占据主导地位。19世纪末,英格兰的农村土地约有87%是出租地,在苏格兰和威尔士这一比例更高,在90%以上。进入20世纪后,政府通过不断立法持续干预农场经营,从规定地主不得干涉农场主自主使用租佃土地,到赋予租地农场主终身

---

[1] 蒲坚. 解放土地:新一轮土地信托化改革[M]. 北京:中信出版社,2014:93.
[2] 彭錞. 英国征地法律制度考察报告:历史、现实与启示[M]//张千帆. 土地管理制度比较研究. 北京:中国民主法制出版社,2013:7.

租赁权，再到把租期延长到租地农场主死后的两代人，不仅限制了地主的权利，还限制了租佃农场的发展，促进了自营农场的发展。1977年62%的农场为自营农场，38%的农场为租佃农场。二是与使用权相比，农村土地所有权的重要性下降，租佃者取得了终身租赁权。三是在政府的支持下，农场经营规模不断扩大。1967年修订的《农业法》规定，对合并的小农场政府提供所需费用的50%，对愿意放弃经营的小农场主发给2 000英镑以内的补助金，或者每年发给不超过275英镑的终身年金。[①]

在英国、英联邦国家和地区，所有土地在法律上都归英王或国家所有，个人、企业和各种机构团体仅拥有土地的使用权，也就是在一定条件下拥有土地，又被称为保有权。由于绝大部分土地实际上为私人或法人支配，政府和公共部门支配的土地仅占很小的一部分，因此英国通常被认为是一个以土地私有制为主的国家。土地保有权的拥有者称为土地持有人或租借人。土地持有人所保有的土地权利的总和，叫作地产权。地产权有两种形式：一种是自由保有地产权，即永业权，主要有非限定继承地产权、限定继承地产权和终身地产权三类。其中，非限定继承地产权比较普遍，拥有该产权的使用者对土地拥有完全的处分权，只有在其死亡时无继承人的情况下，该土地的权利才收归英王或国家。另一种是租用保有地产权，

---

① 蒲坚. 解放土地：新一轮土地信托化改革[M]. 北京：中信出版社，2014：95.

也称为租业权，它是有一定期限的地产权，大部分依协议而产生。租用保有地产权期限有125年、40年、20年、10年等，并通过合同或协议确定土地权利和内容，而且在租赁期内确定的土地权利和内容不能随意更改。

英国虽然相当于实行土地私有制，但因公共利益需要，如基础设施建设，政府和高速公路局、城市发展公司、自来水和电力公司等机构可通过行使强制购买权来征用土地。有关征地机构因公共利益需要征用土地，先要通过议会以法律形式确定公共利益范围，然后经过一系列严格的步骤并对被征地人做出最合理的补偿。如果被征地人对征地事项仍有异议，还可向法院起诉；收入低于一定水平的被征地人，还可在法律费用方面获得经济资助。英国复杂的土地强制购买程序保证了强制购买权的慎重使用。在英国，土地权利虽然受法律保护且可以自由交易，但土地持有者并不能随意对土地进行开发，这一限制通过土地用途管制来实现。1947年《城乡规划法》规定，一切土地的发展权，即变更土地用途的权利归国家所有，任何土地持有人或其他人如欲变更土地用途，必须申请规划许可。

作为欧洲传统福利国家之一，英国比较早就开始重视保障性质的公共住房建设。第二次世界大战后，由于战争带来的破坏，英国住房严重短缺，政府采取了以集中建设出租公房为重点，大力兴建住宅、增加住房供应的政策。由于投入公房建设速度过快，财政住房福利支出刚性上升，让政府不堪负荷，甚至连基本的维修养护负担都难以承受。1979年英国保守党的撒切尔夫人上台后，于1980年通过了一项住房法案，规定租住公房的住户有权优先、优惠购买其所住的公房，此即优先购买权政策。该政策实施后，约有接近一半的公租房被卖给了租住该房屋的租户，租住公租房家庭的比例由高峰时的40%下降到了20%。在公租房建设方面，地方政府持有的公租房由国家补贴、各地方政府建造；住房协会持有的公租房一般由各协会建造，政府会补贴建造成本的20%～40%。2011年，英国居民的住房自有率为65.3%，社会租赁住房（主要是各地方政府和住房协会持有的公租房）占17.3%，市场租赁住房占17.4%，而其他形式住房不足1%。[①] 这不足1%的其他形式住房，主要是1980年以来，为解决无力在市场上购买住房，但又不符合购买公租房条件的"夹心层"群体的住房问题而发展起来的共有产权和共享权益住房。公租房主要面向低收入群体，其中又多数是单亲或者单身家庭。公租房的入住者可以从政府部门领取租房补贴，或者在个人所得税中拿到已支付房租的返还。得到政府各种形式的租金补贴后，公租房的入住者支付的租金仅为其收入的3%～5%，很多入住者的租金成本甚至是零。虽然英国公租房的数量不少，每年也都在增加供给，但仍不能满足需要。据统计，2009年，英国有超过180万个

---

① 梁爽. 英国共有产权住房制度及对我国的启示[J]. 中国房地产(综合版)，2014（6）：36.

家庭在排队等待入住公租房。

与美国不同,英国的土地制度是从封建领地制一步一步走过来的,其中的发展轨迹与中国土地制度的演变有很多可比之处。比如,庄园组织有点类似于中国古代的井田制、均田制,所有权与使用权相分离的土地产权形式在中国也同样存在,等等。还有,与美国地大物博不同,英国土地资源有限,住房建设用地供应不足,这是英国住房供应与美国相比相对短缺的主要原因之一。在保障房建设发展过程中,英国虽然是发达国家,但也曾感到不堪重负,而且迄今仍有很多家庭在排队等候。对于像中国这样经济发展水平比较低,人口总量是英国的20多倍,经济社会发展又不平衡的大国来说,在发展住房保障制度时,更应注意借鉴英国的经验和教训。

(三)德国

德国早期封建领地制经济的组织形式是劳役田庄,领主的自有地和田庄坐落于劳役田庄中心,自有地由领主仆役经营,田庄则租佃给农民耕种,农民依附于土地,并向领主交纳地租和服劳役。到12~13世纪,在农民的反抗斗争下,领主把土地作为世袭地租佃给农民,并根据固定租金收租,劳役田庄制随之解体。16世纪,东德意志出现一种特殊的封建领地制经济——领主庄园制,每个庄园都由容克(有骑士封号的贵族)统治着,容克既是地主又是农奴主,相当于高度集权的乡村统治者。18世纪末19世纪初,在拿破仑入侵战争、农奴制改革以及工业化等的冲击下,封建领地制及领主庄园制经济迅速解体，土地制度实现了从分封制到私人所有制的转变，农民也获得了个人自由。1955年德国出台的《农业法》规定，土地的所有者均可对自有土地（包括地上和地下两部分）享有占有、使用、收益以及处分等多项权利，允许土地买卖。同时为了保护土地私有产权不受侵犯，法律规定土地实行登记制，地籍登记册上记载的土地所有者是法律唯一承认和保护的所有者。[①] 德国统一后，对原民主德国的公有农地实行了私有化改造。目前，德国土地绝大部分属于私有，也有一小部分实行公有（如国家、州、市镇所有）。

德国十分重视对农地产权的保护和管理，在发展中逐步形成了支持农民家庭规模经营、集约经营的土地政策，德国的家庭农场也成为世界家庭农场的典范。一是规范引导土地交易。自1918年以来，德国就对农地所有权的自由交易实行严格限制，以防止农地经营过分分散化、细碎化，防止土地集中到非农民手中。《土地交易法》规定，土地所有者如果要出让土地所有权，必须经过州政府农业部门的许可，对可能导致土地分散经营或者细碎、出让价格与土地价值严重背离、改变农地用途的不得批准出让。二是实施田亩重整计划。从1953年开始，德国按照《田亩重整法》的规定，实施了田亩重整计划，对不同所有者的农地进行互换、重新登记，并加以平整改造，使之连片成方。1949～1994年，德国平均农地经营规

---

① 李波，李晴. 家庭农场法律促进的国际经验[J]. 苏州大学学报（法学版），2014（4）：83.

模由8公顷提高到29.8公顷；低于10公顷的农业企业由140万个减少到28万个。三是加强对农地租赁的管理。在《民法典》规定的基础上，1986年联邦德国颁布实施了《农地用益租赁交易法》，规定农地租赁实行合同备案制度，租赁期限为12～18年，地租要符合国家规定。同时，政府要对土地出租合同的执行情况进行定期检查，检查的重点集中在租赁土地的用途是否有所改变、中途是否存在转租等情况，一旦发现承租人未经批准擅自转租或改变农地用途的情况，立即解除双方当事人的合同。这一法律的出台，鼓励了许多有闲田却无经营能力的土地所有者向经营能手出租土地，极大地刺激了土地租赁市场的繁荣。[①] 德国统一前，有38%的农地用于租赁经营，目前在全德国有53%的农地用于租赁经营。

在世界范围内，德国房地产市场发展备受推崇，不仅保障了全民的住房需求，而且有效抑制了房地产的投机需求，并形成了长效机制。在2006年，德国吸引的境外房地产投资曾占到全欧洲的约1/3，但房地产价格仍然稳健，没有出现大幅度波动的现象。剖析其中的原因，首先是因为德国非常有特色的地上权制度。地上权属于德国民事权利体系中的物权类型，是指在他人所有的土地上建筑并拥有建筑物的权利，并且在地上权合同约定的存续期内（一般情

---

① 李波，李晴. 家庭农场法律促进的国际经验[J]. 苏州大学学报（法学版），2014（4）：83-84.

况下是75～99年），该地上权可随建筑物被出让和被继承。在地上权框架内，权利人拥有对土地所有权的限定物权和房屋所有权双重权利，只要每年向土地所有权人交纳相当于设定地上权时土地价格的3%～5%的年租，就可以在他人土地上建筑属于自己的房屋。这是一种双赢的权利安排，对土地所有权人来说，通过地上权制度，他们保留了土地所有权，在享有年租的同时也不会失去土地的增值部分；对地上权人来说，他们不用大量贷款就可以获得建筑用地，在地上权到期后还可以选择续展地上权期限，或以60%的市价将地上建筑物卖与土地所有权人，或者向土地所有权人购买土地所有权。德国的地上权制度安排，不仅保证了土地的充足供应，而且形成了稳定的、明确的预期，从制度上保障居民偏好长期投资而不是短期投机。其次，德国有发达的住房保障福利。作为高福利国家的典范，保障居民住有所居是德国政府首要的政策目标之一。对买不起房的低收入家庭，政府以低于成本的租金提供福利住房。比如在柏林，单身居民年收入低于1.7万欧元的或两口之家年收入低于2.5万欧元的，都可以申请福利住房。目前，德国已建成使用的福利住房有1 000多万套，占全德家庭住房总数的41%以上。最后，鼓励居民自建房、合作建房，打破房地产商对房屋供应的垄断，也是增加住房供应、解决住房难题、平抑住房价格的重要手段。

抛开经济发展水平和意识形态等因素，德国实行的社会市场经济体制，把社会福利和市场经济结合起来，在解决土地和住宅等世

界性难题上，应该说是相当成功的，对中国的借鉴意义也很大。当前，中国住房价格高企、房地产领域投机盛行、征地拆迁矛盾突出，影响了整个国民经济的健康持续发展与社会和谐稳定，其中很大的原因是土地产权制度没有理顺，包括住房建设在内的建设用地供应量不足、供应渠道单一，而德国的地上权制度针对的正是这些问题。此外，德国在促进农地规模经营、建立土地年租金制度等方面的做法，也很有成效。

二、古巴、越南、朝鲜的土地住宅制度

和中国一样，古巴、越南和朝鲜实行的也是社会主义制度，都面临着世界经济全球化、市场化、信息化带来的机遇和挑战，都处于改革的重要时期。为把握机遇、应对挑战，这三个国家都积极行动，改革调整了土地住宅制度，其中有不少做法和经验值得认真研究探讨。

（一）古巴

1959年革命胜利后，古巴在农村进行了两次土地改革。1959年5月，颁布了第一个土地法，规定土地所有者最多拥有土地30卡瓦耶里亚（1卡瓦耶里亚=13.43公顷），超额部分予以征收。这次土地改革征收大庄园主土地约16.2万卡瓦耶里亚。1963年10月，颁布了第二个土地法，规定把占有5卡瓦耶里亚到30卡瓦耶里亚土地的庄园予以征收。对于两次改革征收来的土地，由国家对土地的使用

进行统一分配，不允许私自转让或买卖。由于缺乏有效的、适合古巴国情的激励机制，古巴大面积土地的利用率极低，土地闲置问题严重，农业生产效益偏低，大部分基础作物产出不足，80%的国内粮食消费依赖进口，约占古巴年进口总额的1/4，严重威胁到古巴经济的外部均衡和国家粮食安全。

与中国的改革开放相类似，古巴的经济改革也选择了以农村为突破口。古巴有可耕种土地660万公顷，其中闲置土地达180万公顷。2008年2月，劳尔·莫德斯托·卡斯特罗·鲁斯上台后，在农村土地和住房制度上采取了一些实质性的改革措施。古巴颁布了《住房法》，允许房屋继承，允许农民租用土地。同时，宣布将国内一半的闲置土地租给农民耕种。此外，古巴东部及几个中部省份已经允许当地农民公开贩卖其生产的农产品，地方政府还借此收税。截至2011年年底，原闲置农地的80%已承包给17万户农民及合作社。2011年4月，古巴共产党召开了第六次全国代表大会，土地问题是这次大会的重要议题。在这次大会上，古巴制定了《党和革命的经济与社会政策纲要》（以下简称《纲要》），规定古巴未来仍将坚持以计划经济为主导，并适当考虑市场因素的作用。在农业和土地住宅方面，《纲要》强调深化农业改革，积极推进土地承包制，给农民以更大的自主权，放松对居民买卖房子的限制。

革命胜利后，古巴住房供应主要以国家建设为主，在不同历史时期出现了小队住房建设、合作社及社区住房建设、合资企业参与

住房开发等建设形式。1959～1993年，古巴依靠国家、集体和个人力量，共建造130万户住宅，住房存量实现了80%的增幅，住房自有率达到了85%，超过了发达国家。古巴住房由国家统一分配，一个四口之家能分得100平方米左右的住房。为实现"为每个家庭提供一套宜居住房"的社会目标，古巴根据家庭居住条件而非收入确定住房分配方式，导致住房需求惊人增长，住房供不应求。美国的经济封锁，使得古巴住房事业的发展受制于建筑材料短缺、建设资金匮乏等因素，进一步加剧了住房供需矛盾。进入21世纪，古巴饱受自然灾害之苦，大量居民住房遭到很大耗损。据统计，在古巴现有300多万户家庭中，仅有61%的家庭住房状况良好。为满足居民迫切的住房需求，政府启动了鼓励个人建房的住房发展新战略，试图通过自愿自助建房、正规计划建房和鼓励私营部门参与建房三管齐下，以缓解住房供给不足问题。2011年11月初，古巴政府宣布允许住房买卖和转让，允许银行向个人发放小额贷款，并决定给个人建房或修房有困难者发放补贴。

古巴与中国的国情差别比较大。从文化传统看，古巴根植于西方传统；从经济社会结构看，古巴是一个岛国，领土面积不大，有75%的居民生活在城市，具有明显的城市社会的特点。在发展市场经济方面，古巴直到今天仍坚持计划经济，仅提出引入市场因素。客观地看，古巴经济的效率并不高，GDP增长率多年来都比较低，比如，2010年的增长率为1.5%，2013年为2.7%。但不得不承认，古巴在社会公平的问题上处理得比较好，居民的住房自有率甚至超过了发达国家的水平。

（二）越南

在1954年《日内瓦协议》之前，越南事实上处于法国的殖民统治之下，土地私有权得到承认，土地所有权多样化。根据20世纪40年代中期数据，大约52%的越南土地掌握在不到3%的人手中，而60%以上的越南农民处于无地状态。[①] 1953年，越南民主共和国颁布《土地改革法》，提出"还田于耕者"的口号，将殖民者、地主及资本家手中的土地分给农民。1957～1958年，越南民主共和国建立集体土地管理制度。1959年，越南民主共和国颁布新宪法，提出在越南民主共和国的过渡时期，生产资料所有制的主要形式为国家所有制（即全民所有制）、合作社所有制（即劳动人民的集体所有制）、劳动者个人所有制和民族资本家所有制（即私有制）。同时，新宪法还规定私有财产"不能干扰破坏国家经济生活和计划安排"，财产征收和国有化在"公共利益"和"适当补偿"的前提下是合宪的，从而为今后推进公有化提供了宪法保护。在20世纪60年代的集体化运动中，尽管农业生产下降，但农村合作社仍持续推进，60年代中期有90%的农民被纳入合作社。

---

① 钱竞. 越南土地法律制度历史沿革与现状略述：兼与中国比较[M]//张千帆. 土地管理制度比较研究. 北京：中国民主法制出版社，2013：198.

1976年越南正式统一，随之进行了土地集体化运动，但由于遭到南方农民的抵制，进展不顺，在湄公河三角洲地区，甚至只有5.8%的农民加入合作社。20世纪70年代末期，整个越南出现了大规模罢耕集体田地的现象，一些地方开始偷偷搞违法的土地承包，集体土地管理制度开始由内而外地瓦解。1980年，越南修改了宪法，规定土地、山林、江河等资源均属全民所有，结束了多年来土地所有制混乱的局面，使得越南土地所有制趋于"一元"——国家所有制。此外，宪法还允许"个人使用土地"和保护"个人合法所得、存款、房屋及其他财产"。1981年年初，越南在农村试点分田承包基础上，允许合作社社员在上缴一定提留之后，享有粮食剩余，意味着开始了对农村土地制度的改革探索。改革调动了农民生产劳动的积极性，粮食生产得到了很大提高。1981~1985年，水稻产量增加了24%，食品出口增加了27%，人均口粮从273千克提高到304千克。

1986年，越南开始"革新开放"，实行从计划经济向市场经济转型的政策。1987年，越南颁布了《越南社会主义共和国土地法》（以下简称《土地法》），正式宣告集体化的农村土地管理制度的结束，奠定了国家统一管理土地，保障个人使用土地的法律基础。1988年4月，越南颁布了有关完善生产承包制的第10号决议，将国有土地的使用权直接交给农户，取消了在生产环节对农户承包的限制，农业生产全部由农户自主经营。在重新分配土地、"去集体化"过程中，越南虽然遇到了诸如地方官员腐败、失地农民增加、贫富差距加大等问题，但取得的成绩和积累的经验却是主要的。根据越南经验，地方官员的贪腐可以通过加强农民话语权（比如设立农会）、提高媒体自由度来制衡；失地农民并没有在土地市场化中增加，反而减少了；而贫富悬殊就基尼系数而言，土地市场化程度相对较高的越南要远低于土地市场化受限的中国。[①]

越南1992年"革新"宪法体现了6年来的市场化改革导向：鼓励多种所有制经济共同发展；更好地保护私有财产；国家按法律和规划统一管理全部土地，限制土地使用权的流转；按市价征收土地；等等。[②] 1993年7月，越南颁布了新的《土地法》，通过土地归属全民所有、国家统一管理土地、经济高效使用土地、切实保护耕地、鼓励投资土地、土地拥有价值等六项规定及相关具体要求，来确认农民长期使用土地的权利和经济主体的地位，并借此建立一个正式的土地流转市场，以期提高土地的利用率。新《土地法》还规定：任何农户或个人对所分土地，都享有交换、转让、租赁、继承或抵押权利，农户可相互交换所分零散土地，使土地尽可能集中。在现实生产中，农户通过租赁或购买土地使用权的方式集中土

① 钱竞. 越南土地法律制度历史沿革与现状略述：兼与中国比较[M]//张千帆. 土地管理制度比较研究. 北京：中国民主法制出版社，2013：225.

② 同 ① 205-206.

地从事农业规模化经营，各地也随之出现了有一定经营规模的庄园，面积从几公顷到几十公顷不等。1993年《土地法》促成了一个初具规模的土地流转市场形成。1993～1998年，仅仅登记在册的土地交易量就增长了10倍；同时，土地出租市场也迅速繁荣起来。此外，土地市场的发展呈现了良性循环的局面。一方面，土地交易带动了资本市场的繁荣，那些较好地实施1993年《土地法》的地区，农民人均负债率要比全国平均水平低11%左右；另一方面，土地市场在一定程度上矫正了20世纪80年代末期"去集体化"过程中出现的不公平分配，无地农民的人数从1993年的11.4%减少到1998年的7%。[①]

2003年，越南对1993年《土地法》进行了修改，规定：土地所有权属全民所有，国家是土地的所有者（确立了越南土地的"一元"国有制），由国家代表全体人民行使"制定及实施相关土地行政管理"，"根据土地利用计划规划土地实际用途"，"规定土地分配和土地使用期限"，"对土地使用权的分配、出租、收回及用途变更等进行审批"，"确定土地价格"等职能；将土地使用期限延长至70年；赋予农民自主生产经营的权利，并允许和鼓励农民通过合法转让、继承、租赁和抵押土地使用权，实现联合或联营。

---

① 钱竞. 越南土地法律制度历史沿革与现状略述：兼与中国比较[M]//张千帆. 土地管理制度比较研究. 北京：中国民主法制出版社，2013：208.

2006年，越南共产党第十次全国代表大会提出，保障土地使用权顺利转化为商品，使土地真正成为发展资本，早日改变小农分散经营的现状。

长期以来，越南城镇居民住房以单位实物分房、分地建房、低价租房为主。随着经济的发展，城镇化进程的加快，居民住房需求日益增加，原有福利制度已不能满足居民的住房需求。为解决大中城市居民的住房难问题，越南实施了住房制度改革，推进住房商品化和土地产权化，逐步取消福利制度，允许房地产企业购地开发商品房。越南房地产市场起步较晚，在市场化运行中，房地产开发商为追求高利润，注重发展中高档住房建设，对低收入群体的需求关注不够。近些年来，越南加大保障性住房建设力度，以缓解低收入群体住房紧张状况，但由于存在资金瓶颈等问题，并没有实现预期目标。目前，越南正在致力于通过国内借贷、利用外资和国外借贷等渠道解决融资困难。

越南与中国国情十分相似，都是人多地少并倚重农业，都在沦为半殖民地后成立了共产党领导的社会主义国家，都在改革或"革新"的过程中，从封闭走向开放，从计划走向市场，从农村走向城市。从越南推行的计划经济和"革新开放"来看，"师法中国""以华为师"的特点很鲜明。比如，越南的改革也是始于农业生产关系的调整与创新。但在具体实践中，越南并没有亦步亦趋、"全盘中化"。实际上，越南的改革可能走得更远，也更为彻底。有的

学者认为，越南的一元化土地管理简单而有效，从制度上避免了我国二元土地所有制下农地征用中的种种不公。^① 学者李昌平到越南实地考察后却认为，在"一元"国有制的框架下，越南的土地事实上是"私有化"了，但并没有所宣传的或所想象的那么美好。比如农民土地虽然可以自主买卖，但农地并不值钱，农民也没有能力维护自己的土地，很容易失去土地；又如集体经济解体以后，农村公共设施没法保证，农民种地越来越不方便，灾害风险越来越高，成本也越来越高了。^②

（三）朝鲜

朝鲜是以农业为主的国家。改革土地制度，发展农业生产，是朝鲜第二次世界大战后重建经济的重要内容。1945年10月，朝鲜共产党明确提出，耕种朝鲜地主土地的租户，向地主交纳租金的标准为30%；地主向地方权力机关缴纳同样的税金；朝鲜农民组织起来进行减租减息或分配日本人和亲日派地主的土地。1946年2月，朝鲜临时人民委员会在政治纲领中提出，没收日本帝国主义和民族叛徒的土地，无偿分配给农民，还规定了"三七"租金制度。1946年3月，朝鲜颁布了土地改革法令，规定没收日寇走狗、卖国贼、

① 钱竟. 越南土地法律制度历史沿革与现状略述：兼与中国比较[M]//张千帆. 土地管理制度比较研究. 北京：中国民主法制出版社，2013：225-226.

② 李昌平. 土地农民集体所有制之优越性：与越南之比较[J]. 华中科技大学学报（社会科学版），2009（1）：11-12.

地主及协助日寇侵略的朝奸的土地、庄园、农具、灌溉设备等，将其无偿地分给无地的贫农及少地的农民；[①] 同时还规定禁止土地买卖、典当和出租。土地改革进展顺利，差不多20天时间就完成了改革任务，共没收土地100余万町步（1町步=0.99公顷）（占总耕地面积的53%），分给无地、缺地农民的土地共98万余町步。朝鲜土地改革促进了农村生产力发展，提高了农业产量，为朝鲜整个经济的发展打下了基础。

20世纪50年代，朝鲜开展了农业合作化运动，1958年完成了对包括土地在内的生产资料私有制的社会主义改造。1977年4月，朝鲜通过了《朝鲜民主主义人民共和国土地法》（以下简称《土地法》）。就土地所有权问题，《土地法》规定：土地属于国家和合作社所有；国家的一切土地属于人民公共所有，任何人不得买卖或据为个人所有。就土地使用权问题，《土地法》规定：土地只有国家才能支配，合作农场和机关、企业、团体及公民对土地，可以为人民的利益和幸福多方面加以利用。就土地流转问题，《土地法》规定：合作农场为耕作方便，可以互换农田，但须经有关上级农业领导机关批准；把农田用于农业生产以外的目的时，要估计好当年能用的面积，得到利用土地的批准后方可施行。进入21世纪以来，为了解决粮食问题，朝鲜借鉴中国的农村土地承包经营责任制，尝

---

① 蒲坚. 解放土地：新一轮土地信托化改革[M]. 北京：中信出版社，2014：108-109.

试着对土地制度进行了改革，从开始时的缩小合作社规模到推行类似"包产到户"的"田亩担当制"。不过，由于朝鲜土地狭小、山地多平原少、农业基础设施落后等国情，靠单户独家是很难有效开展生产的，中国的"包产到户"并不适合朝鲜，所以粮食问题始终没有解决好。实际上，朝鲜可能适合体制灵活的集体经营制，比如以色列的集体农庄模式。

朝鲜实行的是高福利的住房公有制度。朝鲜不允许有私人住宅，住房全由政府、单位提供。城市居民住宅由国家分配，农村住宅由国家统一免费修建、装修。与中国不同，朝鲜不仅规定居民住房所用土地是属于国有的，而且房屋的产权也是属于国家的，分得住房的居民只有使用权，不过使用费很低廉。2010年联合国公布的人口普查数据显示，朝鲜人口总数由1993年的2 120万增至2008年的2 405万，有590万户家庭，65%的家庭拥有两居室，建筑面积一般在50～75平方米。

从总体上看，朝鲜的土地政策和住房制度与中国改革开放之前的情形大体相同，农民在集体农场中共同劳动，平均分配劳动所得，住房由国家和单位提供或修建，这些属于典型的计划经济体制的特征。第二次世界大战后，与韩国相比，朝鲜经济发展其实经历了一个先盛后衰的过程。1960年韩国GDP与人均GDP仅是朝鲜的40%和55%。1980年韩国GDP与人均GDP分别是603亿美元和1 589美元，朝鲜这两个数字分别为413亿美元和1 161美元。中国人均GDP则在1989年才超过1 000美元。2012年中国人均GDP达6 100美元，而朝鲜人均GDP仅有783美元，韩国则为23 113美元，韩国人均GDP约是朝鲜的29.5倍。朝鲜经济发展为什么会出现不升反降的现象？如果从制度上找原因，恐怕与封闭僵化的计划经济体制有着密切的联系。

三、新加坡、以色列的土地住宅制度

新加坡和以色列有不少相似的地方，比如两个国家的面积都比较小，经济都比较发达，都是以土地公有制为主导，在世界上都有比较大的影响力。还有一个很重要的共同点，即两国的制度体制都设计得很精巧，运行实施效果也比较好，尤其是新加坡的组屋制度和以色列的土地制度。

（一）新加坡

新加坡是一个以华人为主的国家，长期受儒家传统思想熏陶，又曾是英国的殖民地，比如法律制度、土地产权制度等都移植了英国的很多做法，是东方文化和西方文化融合最成功的国家之一。成为英国的殖民地后，新加坡沿袭了"只有英王才能拥有土地，其他人只能有限期地保有和使用土地"的原则，所有土地都归政府所有，任何个人和法人只能在一定期限内占有和使用土地。当殖民地政府向居民授予土地产权开始后，第一批符合条件的被授予999年的产权，后来授予过20年、60年、90年的产权。1960年，殖民地的新加坡正式开始统一实行当时英美国家通行的托仁斯土地登记制

度，全面确立了登记优先制度：只要土地产权在国家登记机构正式登记，就获得了不可剥夺的权利，条件是该土地之取得符合善意诚信原则并且付出了相应对价。这个制度一直沿用至今。[①]

沿袭英国殖民政府重视私人产权保护的传统，新加坡的土地制度也尊重和保护私人产权。新加坡的地产可以分为自由保有地产、租赁保有地产、永久地产三类。其中，自由保有地产保证了占有人对地产的终身保有和自由使用，这种相当于所有权；租赁保有地产可以通过支付一定的租金，在一定的期限内占有和使用，但租赁与所有有着质的区别，新加坡的大多数商业或住宅用地都属于这类地产；永久地产是指在满足一定条件下，国家授予个人永久持有权的地产。从土地交易制度看，政府以拍卖、招标、有价划拨和临时出租等方式，将一定年限的土地使用权出售给使用者后，使用者可以自由转让、买卖和租赁，但年限不变。土地使用期满后，政府无偿收回土地及其地上附着物；若要继续使用，须经政府批准，再获得一个规定年限的使用期，但须按当时的市价重估地价重新买地。

新加坡地少人多，土地资源非常稀缺。为加强统筹规划利用，提高土地使用效益，新加坡对整个城市的建设发展做了长远概念规划和总体规划。其中，长远概念规划是一种土地综合利用和交通规划的结构图，用来指导未来40～50年新加坡全国的城市发展、基础

---

① 王江雨. 新加坡土地和房屋管理制度：私权、民生和国家利益之间的平衡[M]//张千帆. 土地管理制度比较研究. 北京：中国民主法制出版社，2013：185.

设施建设和公共事业发展；总体规划是长远概念规划在各个具体时期和具体空间上的落实，为未来10～15年城市建设和土地利用提供指导并带有法令性。^① 为保证国家规划的实施和推动城市建设发展，特别是基础设施建设和公共事业的发展，政府不可避免地要从私人手里收购土地。在这个问题上，新加坡政府的强势表现得淋漓尽致。新加坡《土地收购法》第五条授权总统宣布收购私人产权土地，其门槛设置得很低，只要收购是为了公共需要，或者是为了任何个人或者公司从事某一个部长所认为的公共事业的需要，甚至还可以是为了任何住宅、商用建筑或者工业发展的需要。^② 由于国家不断强行征用个人土地，新加坡的国有土地占比持续上升，土地所有制也从私有制占主导变为公有制占主导。1949年，英国皇室拥有新加坡31%的土地。1965年新加坡独立时，新加坡政府占有整个国家土地总面积（581.5平方千米）的49.2%，1975年是66%，1985年为76.2%，而1998年达到80%。2010年，新加坡政府及其法定机构拥有国家90%的土地。^③

新加坡的公共住房，又称组屋，也就是组合房屋，通常把新加坡的公共住房制度称为组屋制度或组屋政策。与现在我们所熟悉的作为发达国家的新加坡不同，1965年刚独立时，新加坡的GDP为

① 张祚，朱介鸣，李江风. 新加坡大规模公共住房在城市中的空间组织和分布[J]. 城市规划学刊，2010（1）：92.

② 王江雨. 新加坡土地和房屋管理制度：私权、民生和国家利益之间的平衡[M]//张千帆. 土地管理制度比较研究. 北京：中国民主法制出版社，2013：188.

③ 同①92.

9.74亿美元，人均GDP为516美元，属于发展落后、居民贫困的国家。当时，政府面临严峻的"屋荒"，近一半居民蜗居在贫民窟。随后，在政府的积极作为下，开发建设了大量组屋，仅用10年的时间就基本解决了大多数新加坡人的居住问题。到目前为止，80%以上的新加坡人拥有自己的组屋，剩下不到20%的民众中，收入特别低的困难家庭租赁廉租组屋，高收入的在市场上购买住房，真正实现了"居者有其屋"的目标，引起了全世界的关注。梳理其中的成功原因，主要有：

一是李光耀政府为民的执政理念和强大的行政能力。李光耀认为，如果人人拥有自己的住房，他们就会觉得自己是这个国家的主人，捍卫国家是自己的一份责任。[1] 在执政期间，李光耀提出并践行了"居者有其屋"的政策理念。1960年，新加坡成立建屋发展局，推行组屋政策，为包括中低收入群体在内的所有买不起房子的家庭提供经济实惠、性价比高的住房。为确保建屋发展局工作的成功，新加坡采取了三重策略：让建屋发展局专司其职，授予其获得土地、原材料和人工的权力；采取整体策略，把设计、整理土地和建造房屋视为一个完整的流程来管理；强有力的政府支持，表现为毫不含糊的政治意愿、资金投入和立法支持等。[2]

---

① 贾俐贞. 新加坡住房制度的五大特点[J]. 中国党政干部论坛，2011（11）：56.
② 王江雨. 新加坡土地和房屋管理制度：私权、民生和国家利益之间的平衡[M]//张千帆. 土地管理制度比较研究. 北京：中国民主法制出版社，2013：193.

二是以建房低成本保证售房低成本。由于有《土地收购法》作为依据，政府和建屋发展局牢牢控制了城市土地资源，并规定只有政府有权调整被征用土地的价格，保证了以较低价格得到大量用地，一举解决了其他国家在城市化进程中土地增值过快、售价过高等问题。当然，这与前一个原因密切相关，也反映了新加坡政府的强势作用。

三是实行中央公积金制度。新加坡自1955年开始强制实施个人储蓄式的中央公积金制度，规定雇主和雇员按照法定的公积金缴纳率将个人月薪的一部分存入中央公积金局的个人账户，每月缴纳的公积金连同利息均归雇员个人所有，由中央公积金局进行统一管理。同时，中央公积金的使用具有定向性，即除支付雇员5%~10%的正常提款外，其余全部用于购买政府债券。通过这种方式，中央公积金的储蓄实际上转到了政府手里，再由政府向建屋发展局提供建房贷款，其中大部分用于组屋建设和个人购房贷款。显而易见，中央公积金制度的有效运行，才使得政府"建得起"组屋，家庭"买得起"组屋。可以说，新加坡住房制度的成功，中央公积金制度功不可没。

四是租售并重，满足中低收入居民的住房需求。新加坡向收入特别低的特困家庭推出廉租组屋，政府每个月象征性地收取少量房租。1994年，新加坡政府推出了一个政策项目，即对廉租组屋的租户以折扣价出售组屋并给以充分的按揭抵押。自2003年开始，建屋发展局开始为月收入低于8 000新加坡元的家庭提供低利息的房屋贷款。[①] 对于首次申请购买组屋的中低收入者，政府设定了门槛：必须是新加坡公民，每月家庭总收入不超过1万新加坡元（约合人民币5万元），在国内外不得拥有任何私人住宅产业，申请日期前的30个月内不曾售卖任何私人住宅产业，购买组屋后5年内不得自行在市场上出售。为照顾收入相对较低的家庭购买组屋，政府规定收入不超过5 000新加坡元的低收入家庭，可获得最高4万新加坡元的额外公积金补贴，收入越低，补贴越高。

由于较好地实现了"居者有其屋"目标，新加坡的土地住宅制度是其他国家和地区竞相学习借鉴的对象。早在20世纪90年代初，中国上海借鉴了新加坡的经验，推出了住房公积金制度。其实，中国改革开放以来实施的廉租住房和经济适用住房制度，在很大程度上也是学习参考了新加坡的做法。然而，新加坡作为一个发达的城市国家，人均GDP高达5万多美元，而人口只有500多万，相当于中国的一个人口不算多的大城市，与中国的国情截然不同。这也意味着，在形式上简单模仿新加坡的做法，对于解决中国住房问题，其效果可能会很有限。尽管如此，新加坡在长期实践中积累的许多

---

① 王江雨. 新加坡土地和房屋管理制度：私权、民生和国家利益之间的平衡[M]//张千帆. 土地管理制度比较研究. 北京：中国民主法制出版社，2013：190.

做法和经验，很有学习借鉴价值。除了前文介绍的这些外，还有很多比较好的理念和做法。比如，李光耀政府倡导的一些执政理念："不搞施舍"，不建福利社会，不搞消费补贴，但是要"通过让资产增值来重新分配财富"，其手段是让人民拥有可支配的财产。[①]又如，寓族群融合的社会政策于组屋政策之中，政府要求在每个社区甚至是每个建筑里，各个种族居民都有一定的比例，以增强对多民族、多宗教社会的认同感，从而实现各个种族和谐共处、社会稳定的目标。[②]

（二）以色列

以色列是犹太人经过长期艰辛努力建立起来的国家，也是世界上唯一一个以犹太人为主体民族的国家。尽管实际管辖的土地面积只有不到2.6万平方千米，但对以色列来说，土地是最重要的资源。为把土地所有权牢牢掌握在国家手中，并强化规划控制和防止被外国人购买，以色列实行了公有制占绝对主导地位的土地所有制。以色列的公有土地主要有四种：①在前英国托管政府注册的土地。1920～1948年，巴勒斯坦地区由英国托管政府管理，英国托管政府在此期间注册了许多土地，1948年英国托管政府撤出时，将这些土地移交给新成立的以色列国。②犹太国民基金购买的土地。

① 王江雨. 新加坡土地和房屋管理制度：私权、民生和国家利益之间的平衡[M]//张千帆. 土地管理制度比较研究. 北京：中国民主法制出版社，2013：194.
② 贾俐贞. 新加坡住房制度的五大特点[J]. 中国党政干部论坛，2011（11）：57.

1901年犹太国民基金成立于瑞士巴塞尔，目的是从巴勒斯坦境内的土地所有者手中购买土地，为在巴勒斯坦境内建立犹太人国家做准备。20世纪60年代之前，犹太国民基金自己出租这些土地并收取租金。1960年，犹太国民基金与以色列政府签订了一个合约，同意在不转让所有权的情况下，由以色列土地委员会和以色列土地管理部门来管理这些土地。③以色列发展局拥有的土地。这一部分土地在政治上最为敏感，因为它们原本属于在1948～1949年以色列独立战争中离开或被驱逐出以色列的阿拉伯居民。④以色列市政府也拥有一部分土地，主要来源于捐献和为了建设公路和公共建筑而征用的土地。在以上四种公有土地中，前三种约占土地总面积的93%。①

以色列土地管理部门主要通过公开招标、抽彩、直接分配这三种方式出租公有土地。其中，公开招标方式用得比较多。在土地租赁期限方面，以色列经历了一个由短向长逐渐演变的过程，从最初的49年延长到98年，进而在1997年延长到196年。与租赁期限的持续延长相对应，以色列城市公有土地的租金逐渐从最初的以年为周期向预付合同总金额的一部分转变，也就是向一次性买断价格转变。承租人在签订了租赁合同之后，会获得诸如开发权、转让权以及土地自然增值的享有权等权利。在开发权方面，由于土地的具体

---

① 樊正伟，赵准. 以色列城市公有土地租赁制度[C]//蔡继明，邝梅. 论中国土地制度改革：中国土地制度改革国际研讨会论文集. 北京：中国财政经济出版社，2009：667-668.

用途已经在租赁合同中被事先规定，承租人通常只能在与之相符的情况下才享有开发权利。但1996年的《规划和建筑法》四十三号修正案授予任何"与土地利益相关"的人以同等的权利向国家土地规划部门递交修改或转变土地用途的申请和计划。实际上，这是将承租人的地位与所有权人等同起来，使得承租人可以在不经过出租人和土地管理部门允许的情况下，直接向规划部门提出修改申请或新的土地使用计划，并在获得许可后付诸实施。在转让权方面，除了由犹太国民基金拥有的土地外，承租人在经有关部门批准后，可以将租赁合同转让给其他人。在土地自然增值的享有权方面，除了以下两种情况外，承租人都享有土地的自然增值收益权：一是当承租人以出售或赠与的形式转让土地时，以色列土地管理部门要征收同意费；二是当承租人实施额外的开发权利时，以色列土地管理部门要征收允许费。

1948年以色列宣布独立后，大批从国外归来的犹太移民及来自阿拉伯国家的犹太人难民，都需要住房来安置。1950～1970年，政府直接投资建设了大量公有住房，为解决这些犹太移民及其他低收入家庭的住房问题发挥了重要作用。从20世纪80年代开始，随着国家私有化政策的实施，政府减少了对公有住房的投资，并开始出售公有住房，鼓励民众从承租人向所有人转变。出售公房政策的推出，除了配合私有化政策的推行外，还有这么几方面的考虑：一是可以帮助经济条件差的人以房屋的形式积累资本，以提高承租人的社会经济地位，并使积累的资本可以转移到下一代；二是住房所有人的身份可以激励住房使用者维护房屋和环境，有利于保持房屋的完好和改善环境；三是购买行为为交易人提供了"心理"改善，包括自尊、自我良好的感觉和安全感等；四是出售公房可以减少政府的住房维护投入，减轻国家的负担，另外也减少了居民对政府的依赖性。[①] 90年代初，由于苏联移民在短期内大量涌入，对公有住房的需求增加，使得政府不得不继续直接投资建设公有住房。不过，虽然出现了一些周折，但80年代以来的公房私有化趋势却一直在持续，加上政府新建公房数量的减少，致使公房的数量和所占比例在不断减少。目前，以色列的住房供需失衡，房价飞涨，2008~2014年房价上涨了55%，租金上涨了30%，住房供给满足不了民众特别是低收入人群的需求。近年来，以色列政府采取了一些住房改革措施，加大住房建设供给力度，遏制房价上涨，为低收入人群提供适用住房或廉租房，让更多的人"住得上房子"。

以色列绝大部分土地属于公有土地。为让市场机制发挥好作用，以色列通过灵活巧妙的制度设计，以多种形式把公有土地出租给市场主体，这对实行公有制的中国来说，有积极的借鉴意义。不过，在推进公房私有化政策过程中，由于政府的介入程度减弱过快，与经济同样发达的新加坡、中国香港地区等相比，在住房问题特别是低收入人群的居住问题上，以色列解决得并不理想，并为此饱受诟病。

---

① 吕萍. 从承租人到所有人：以色列公有住房的出售[J]. 城市问题，2002（2）：73.

四、国际比较分析及启示

不同国家的土地住宅制度具有不同的特点，研究其特点和规律，比较其个性和共性，对于中国构建适应社会主义市场经济发展的土地住宅体制，具有一定的参考价值和借鉴意义。

（一）无论是从基本的产权制度安排看，还是从具体的制度规定看，抑或是从制度的实施效果看，各国的土地住宅制度都是特定国情的产物

由于自然条件、历史传统、社会文化、政治经济等的不同，各国的土地住宅制度都呈现出鲜明的特色。从土地所有制看，无论是少数实行公有制的社会主义国家，还是多数兼行公有制和私有制的国家和地区，不仅所有制的具体称谓五花八门，有国家所有、全民所有、集体所有、联邦政府所有、地方政府所有、私人所有等，而且在长期实践中逐渐演变成多种所有制并存、结构多样、特色鲜明的格局。比如，同样是发达市场经济国家，美国私人所有的土地只占58%，德国绝大部分土地属于私人所有，以色列是公有制占绝对主导地位。又如，同样是社会主义国家，朝鲜的公有制包括了国家所有制和集体所有制，而越南则是"一元"的国家所有制。从为实现"居者有其屋"目标的住宅制度安排看，各国之间的差别也比较大。通常，计划经济国家是政府集中建设供应，市场经济国家有的是以市场供应商品房为主、政府供应保障房为辅，有的是两者并重，也有的像新加坡这样，以政府建设供应的具有保障房性质的组

屋为主。从土地住宅制度实施效果看，各国的情况也很不相同。比如，新加坡和以色列同样属于地少人多、市场经济发达、经济实力雄厚、公有制占绝对主导地位的国家，但新加坡的组屋制度就比较成功，而以色列却还在为"住得上房子"而努力，在解决低收入人群住房问题上遭到诸多非议。

（二）归属清晰、权责明确的土地产权安排，让市场在土地资源要素配置中起决定性作用，是发展市场经济的必然要求

市场经济的健康运行，市场价格机制调节供求关系、优化资源配置等作用的发挥，都是以明晰的产权为前提的。从越南、美国、新加坡等国家的情况看，尽管土地所有制有公有与私有之分，但产权安排都很清晰，个人法律意义上的财产权利也得到了充分保障。比如，越南早在1980年的宪法中，就明确规定保护"个人合法所得、存款、房屋及其他财产"，实行市场化改革后，在"一元"国有制的基础上，土地产权边界更加清晰。又如，美国国家法律保护土地私有产权不受侵犯，土地买卖交易由私人自主决定，政府仅发挥"守夜人"作用，甚至政府之间的土地产权也各自独立，不能以行政命令任意占用或平调，而是要依法进行买卖或租赁。再如，新加坡虽然政府行政力量比较强大，但毕竟沿袭了英国殖民政府重视私人产权保护的传统，在调整土地关系时都以法律为依据。

（三）以国家立法的形式推进土地住宅制度改革，并以法治方式保障改革成果，是各国通行的基本做法

土地是基本的生产资料，住宅是基本的生活资料，与每个公民的切身利益息息相关，承载着很多复杂的权利义务关系。土地权利除了所有权之外，还有地上权、地下权、地役权、采光权等各种权利，实际上是一个像权利树一样的权利义务关系集合体。[①] 所以，在这个关系根本又复杂敏感的问题上，各国通常都是以立法来规定并调整土地住宅的权利义务关系。每当调整或改革重大土地住宅制度时，各国往往是以立法来推进改革，并以立法来保护和巩固改革成果。比如，回顾英国几百年的圈地运动，可以发现这是一段全程法治化的历史。从中世纪零星的法律规定到协议再到私人法或统一法，英国圈地运动在各个阶段基本都受到法律规范，尽管规范形式在不断变化。[②] 又如，1862年美国林肯政府在南北战争时颁布的《宅地法》，为让美国人民人人有权获得土地，规定政府应廉价出售公有土地。再如，1987年越南颁布了《土地法》，正式宣告集体化的农村土地管理制度的结束；1993年越南颁布了新的《土地法》，确认农民长期使用土地的权利和经济主体的地位；2003年

---

① 甘藏春. 社会转型与中国土地管理制度改革[M]. 北京：中国发展出版社，2014：5.
② 彭錞. 英国征地法律制度考察报告：历史、现实与启示[M]//张千帆. 土地管理制度比较研究. 北京：中国民主法制出版社，2013：10.

越南对《土地法》进行了修改。再如，2008年古巴颁布了《住房法》，明确了在农村土地和住房制度上的一些实质性改革措施。

市场经济是法治经济，市场机制作用的有效发挥，有赖于良好的法治环境。一般来说，发达市场经济国家都很重视土地住宅领域的立法工作，并都已经形成了比较完善的土地住宅法律制度体系，不仅在诸如宪法、民法等一般性综合法律中有相关的规定，而且还制定了专门性的法律。比如，为加强对农用土地开发利用的管理，美国先后颁布了《水土保持和国内生产配给法》《土地政策和管理法》《联邦土地管理法》《农地保护政策法》等法律。对于类似问题，德国也曾先后出台了《土地交易法》《田亩重整法》《农业法》《农地用益租赁交易法》等法律。

（四）从土地制度改革的发展方向看，各国土地制度安排呈现出所有权与使用权相分离，并逐步从重所有权向重使用权转变的特点

20世纪以来，特别是第二次世界大战以来，土地产权理论和制度呈现出从注重归属到注重利用的发展趋势。很多国家在立法上改变了以往把土地归属放在首位的做法，注重资源的有效利用和土地的开发。[1] 比如，1986年联邦德国颁布的《农地用益租赁交易法》，对农地租赁交易加大了保护力度，鼓励有闲田却无经营能力

① 蒲坚.解放土地：新一轮土地信托化改革[M].北京：中信出版社，2014：118.

的土地所有者向经营能手出租土地，极大地促进了土地租赁市场的
繁荣。德国统一前，联邦德国只有38%的农地用于租赁经营，目前
在全德国有53%的农地用于租赁经营。还如，在英国，与使用权相
比，农村土地所有权的重要性下降，国家法律赋予了租地农场主终
身租赁权和两代继承权。

在实行市场经济的国家，如果土地掌握在私人手里，为解决土
地私人占有与生产社会化的矛盾，土地所有人通常把土地出租给市
场经营者，只是凭借所有权收取一定的租金；如果土地是国家或政
府所有，则除了部分由政府自身使用外，其他的土地大多也是出租
给市场经营者。比如，在美国的农场制度中，近年来农场主土地自
有率呈下降趋势，农地自有率在19世纪前期为95％以上，到20世
纪末连30%都不到。又如，在以色列，承租人与政府签订租赁合同
后，可以获得开发权、转让权、土地自然增值的享有权等权利。

在古巴、越南、朝鲜等实行计划经济的国家，过去土地所有权
归国家或集体，而农业耕作坚持集体共同劳动，生产出来的粮食等
生活资料也由集体进行分配，还有所有权和使用权相结合的特点，
而近些年来都相继尝试承包制改革，一方面使所有权与使用权走向
分离，另一方面注重发挥使用权的作用，激励劳动者提高农业生产
率。在越南，更是实行了比较彻底的重使用权的做法，任何农户或
个人对所分土地，都享有交换、转让、租赁、继承或抵押权利。

（五）作为基本经济制度，各国土地住宅制度安排注重保护公民的财产权益，并保持制度的相对稳定性

与手握重权的政府相比，居民处于弱势地位。各国在设计土地住宅制度时，通常注重保护居民的财产权利，防止国家权力对居民财产权利的侵害。

一是国家法律明确保护私有土地所有权不受侵犯。美国、英国、德国、新加坡等国家，在法律上对此都有明确规定。比如，为保护土地私有产权不受侵害，德国法律规定土地实行登记制，地籍登记册上记载的土地所有者是法律唯一承认和保护的所有者。与通常的认识有所不同，在保证国家利益的条件下，实行计划经济的国家也同样注重保护公民合法的土地住宅权益。比如，越南在1980年宪法中规定，保护"个人合法所得、存款、房屋及其他财产"。

二是在具体的征用土地行为中保护公民的财产权益。比如，美国在征地时，是按征用时市场上的公平价值进行补偿，不仅包括征用时的使用价值，而且包括被征用财产的最佳使用价值，即财产因其开发潜力所具有的"开发价值"，体现了对私有财产权益的保护。又如，英国有关征地机构因公共利益需要征用土地，先要通过议会以法律形式确定公共利益范围，然后经过一系列严格的步骤并对被征地人做出最合理的补偿。如果被征地人对征地事项仍有异议，还可向法院起诉；收入低于一定水平的被征地人，还可在法律费用方面获得经济资助。

三是稳定的土地产权制度是保护公民权益的重要体现。比如，以色列的土地租赁期限从最初的49年延长到98年，在1997年这一期限又延长到196年。又如，越南2003年修订《土地法》时，把土地使用期限延长到70年。

（六）土地住宅产权能在多大程度上入市自由交易，是衡量各国市场经济发达程度的重要标志

市场经济条件下，入市自由交易是优化土地要素资源配置的基本前提。在比较分析不同类型国家的土地住宅制度后发现，通常土地住宅产权能够比较自由入市交易的国家，市场经济也比较发达。如果说有所谓的标准来衡量市场经济成不成熟，那么土地住宅产权能否入市自由交易则是其中的重要标准之一。比如，美国的土地，无论何种所有制形式，都可以自由买卖和出租。又如，在以色列，除了犹太国民基金拥有的土地不能被转让给非犹太人的特殊规定外，土地不论公有还是私有，也都可以在市场上进行自由交易。

对比朝鲜、古巴、越南这三个社会主义国家经济发展过程中的一些特点，有助于更加深入地认识这个规律。朝鲜是迄今仍实行计划经济体制的国家，现在仍禁止土地买卖、典当和出租，不允许有私人住宅，住房全由政府、单位提供。近年来，也只是尝试着进行了一些改革，推行类似中国"包产到户"的"田亩担当制"。在2011年的古巴共产党第六次全国代表大会上，古巴宣称未来仍将坚持以计划经济为主导，并适当考虑市场因素的作用。从具体措施

看，古巴正积极推进土地承包制，并允许住房买卖和转让，土地住宅交易自由程度超过了朝鲜，其市场发达程度也显然比朝鲜高。相对来说，越南则在市场化道路上走得比较远，改革推进得比较彻底。目前越南正在使土地使用权顺利转化为商品，使土地真正成为发展资本，并允许房地产企业购地开发商品房，使住房商品化。显然，朝鲜、古巴、越南这三个国家土地住宅产权入市自由交易程度依次增强，而市场化改革推进程度也按此顺序依次深化。

（七）在城市化、工业化推进的不同阶段，各国对土地制度及农业规模经营有着不同的诉求

城市化、工业化是历史发展的大势。城市化既是对人的城市化，也是对土地的城市化；而工业化既需要农业提供积累，也需要农业提供原料，还需要农业为在城市中从事工业生产的大量人口提供基本生活资料。所以，城市化、工业化的推进，必然会对土地制度及农业规模经营产生重大影响。封建社会时期，各国围绕着"耕者有其田"的目标，变革所有权制度，打破封建主义束缚，构建小农阶层。当现代工业化的物质技术成果逐渐应用于农业领域，改进农村土地经营制度，为商品经济发展奠定基础，追求经济效益最大化就成为农村土地制度安排的核心内容。[1] 比如，德国在19世纪城市化、工业化的早期阶段，随着封建领地制及领主庄园制经济的

---

① 蒲坚. 解放土地：新一轮土地信托化改革[M]. 北京：中信出版社，2014：117.

解体，土地制度实现了从分封制到私人所有制的转变，农民也获得了个人自由。在20世纪，随着城市化、工业化的进一步发展，德国逐步转向实施支持农民家庭规模经营、集约经营的土地政策，防止农地经营过分分散化、细碎化。50年代后，德国实施了田亩重整计划，对不同所有者的农地进行互换、重新登记，并加以平整改造，使之连片成方，以支持现代农业的规模化经营。还比如，在传统农业国家越南，越南共产党于20世纪50年代革命时提出了"还田于耕者"的口号，把土地分到农民手里。90年代，当工业化、城市化发展到一定阶段后，越南颁布的《土地法》则强调经济高效使用土地，使土地尽可能集中。

（八）政府主动担责、积极作为，建立健全住房保障制度，发展多层次住房供应体系，是各国在市场经济条件下解决住房问题的重要经验

住房具有消费与投资双重属性，要满足低收入家庭的刚性消费需求，要满足中等收入家庭的改善性住房需求，还要满足较高收入家庭的投资性需求。因此，从理论上说，社会上应该有一个多层次的住房供应体系。从各国的实践看，除了实行计划经济的极个别国家由政府或集体集中分配住房外，绝大多数国家的住房供应体系都呈现出分众化、多层次的特点。比如，新加坡政府开发建设了大量被称为组屋的公共住房，目前80%以上的新加坡人拥有自己的组屋，在剩下不到20%的民众中，收入特别低的困难家庭租赁廉租组

屋，高收入的在市场上购买住房。

随着社会文明的进步和社会保障事业的发展，越来越多的人认为，为较低收入家庭提供住房保障，是政府不可推卸的重要职责。其实，在多层次住房供应体系中，最重要的也是政府最能发挥作用的，是为较低收入家庭提供住房保障。住房保障的实质，是政府应对住房市场价格与居民支付能力存在差距的现实，以解决较低收入居民负担能力不足的问题。具体的保障方式或者政府分担住房成本的方式主要有两种：一种可以称之为"补供方"，通常是政府或受政府委托资助的机构直接建造并持有公共住房，并把这些公共住房以较低租金出租给或以较低价格卖给低收入家庭。比如，德国政府对买不起房的低收入家庭，以低于成本的租金提供福利住房。目前，德国已建成使用的福利住房有1 000多万套，占全德家庭住房总数的41%以上。又如，20世纪80年代，以色列把公有住房低价出售给承租人。另一种可以称之为"补需方"，也就是让需求方拿着政府的补贴，在市场上相对自由地租赁住房。比如，美国尼克松政府推出的租金优惠券计划，政府发给受保障家庭一定的租金优惠券，租户可以在市场上自由租用住房，如果费用超过优惠券的额度，多出部分自己负担即可。

需要重视的是，如果政府住房保障问题解决得不够理想，则很可能会影响整个住房供应体系的绩效，也容易导致房地产市场的波动。比如，在以色列，随着20世纪80年代以来公房私有化的推进，公房的数量和所占比例在不断减少，导致住房供需失衡，房价飞涨，满足不了民众特别是低收入人群的需求。可见，就算像以色列这样发达的经济体，如果不科学设计并实施住房制度，也可能会有一些民众住不上房。

（九）尽管房地产市场受诸多因素的影响，但土地供应充足和地价稳定是各国平抑住房价格、促进房地产市场健康发展的较为有效的手段

在进行国际横向比较时我们发现，土地供应充足和稳定乃至较低的土地价格，在调控房地产市场中具有重要的基础性作用。比如，在美国，由于政府负担了开发建设区块的道路、学校等基础设施费用，开发商取得私有土地权与开发权的代价不高，土地供应量大且地价低。以此为基础，美国房地产市场是比较稳健的，大多数美国人拥有了自己的住宅。又如，德国的地上权制度安排，不仅保证了土地的充足供应，而且形成了稳定的、明确的预期，使得德国房地产市场运行得异常稳健。据估算，自1977年以来，德国个人收入已增长了3倍，而平均房价仅上涨60%，大大低于收入的增幅。又如，新加坡由于政府能够控制土地资源和被征用土地的价格，从制度上保证了能以低价得到大量建房用地，这是政府能够以较低成本建造组屋，以及以较低价格出售组屋的前提。

（十）各国重视加强对土地资源配置的统筹规划，发挥计划这只"看得见的手"的积极作用

土地资源是国家可持续发展的重要基础，土地是调控国民经济发展的重要手段。鉴于土地在发展全局中的重要地位，各国无论所

有制如何，土地所有权归属于谁，在对土地的利用管理上都始终是以国家为主导的。国家对土地的利用实行统一的用途管理是各国土地管理的共同特点，也就是对土地的利用有一个总体规划，依据规划，在一定区域划定土地用途分区，土地必须按照用途使用，违反规定使用土地就是违法。西方国家都在立法中明确，任何土地未经规划不得开发。① 比如，英国土地产权虽然可以自由交易，但土地用途受到管制，土地持有者并不能随意对土地进行开发。英国1947年《城乡规划法》规定，一切土地的发展权，即变更土地用途的权利归国家所有，任何土地持有人或其他人如欲变更土地用途，必须申请规划许可。又如，新加坡对城市建设发展的总体规划，能够为未来10~15年城市建设和土地利用提供指导并带有法令性。值得注意的是，一般来说，在市场经济条件下，很多国家的土地规划是建立在市场价格机制充分发挥作用的基础上的，也只有通过灵敏的价格杠杆，政府才能更好地发现各地各行各业的用地需求和规模，才能制定出比较切合实际的土地规划及有关控制指标，真正实现地尽其利。

---

① 甘藏春.社会转型与中国土地管理制度改革[M].北京：中国发展出版社，2014：93-94.

第三章
土地住宅体制改革的若干理论问题

　　土地住宅体制改革涉及经济学、社会学、管理学、政治学、法学、历史学等诸多学科，涉及很多复杂的理论和实践问题。本章节坚持问题导向，结合当前我国土地住宅体制改革中的一些深层次问题，从理论上有针对性地予以分析，以期为科学设计改革方案提供思路。

一、人口增长与土地瓶颈

　　土地是不可再生的资源，而人类却能一代接一代、世世代代繁衍生息。在农业社会，人们的需要是以来自土地的农产品和畜产品为基础的传统生活需要，由于人口不断增长，这种需要在规模上也

在不断增长。然而，土地资源是有限的，来自土地的农产品和畜产品的数量的增长也是有限的，使得人口增长受到制约。因此，在农业社会，最尖锐的矛盾是土地资源有限性与人口增长无限性之间的矛盾。18世纪，英国经济学家马尔萨斯提出的人口论，认为人口的增长是呈几何级数的，而生活资料的增长却是呈算术级数的，人口的增长必然受制于生活资料的增长，也就是受土地生产力瓶颈的制约。那么，人地矛盾究竟能否得到妥善解决？古今中外各国在实践中究竟有没有破解之道？中国在未来的发展中又该如何应对这一难题？

（一）中外历史比较：不同文明类型下对人地矛盾的破解

中国曾经是世界上最富强的国家，这种发达来自中国几千年的农业文明。与中国不同，西欧国家农业文明发展得比较晚，但城市和工商业文明却起步较早，也比较发达，在实践中以别样的方式解决人地之间尖锐的矛盾。

1. 中国古代农业文明解决人口增长与土地瓶颈矛盾的方式

在漫长的历史长河里，中华民族在解决土地资源有限性与人口增长无限性之间的矛盾时，大多采用了与农业社会相适应的一些办法。

首先，通过开垦土地增加生产农产品的耕地资源。原始社会时期，生产力的矛盾主要是劳动力不足与可开垦土地较多；而到了封建社会中期，一个疆域固定的国家，国土面积毕竟是有限的，或者再没有开垦的余地，或者在较易开垦的土地被开垦完毕后，再扩大耕地，就要开拓坡地，砍伐森林，会导致水土流失以及生态破坏。中国西北黄土高原和西南云贵高原的坡地森林被砍伐和开垦，就是人类向国土要耕地的明证。

其次，通过农业技术和制度的进步提高土地产出率。原始社会时期，先人用磨光的石斧、石锛、石凿等工具，砍伐树木，开辟荒地；用石铲、石锄、石刀、石镰等工具，耕种土地，收获谷物。当时，在组织形式上，以氏族集体的力量，与自然灾害、野兽侵袭、外族侵入等进行抗争，保证农业的正常生产。到了奴隶社会，农业生产中有了耒耜等木制工具，奴隶集中起来进行大规模的生产，选种、除草和治虫等农业技术也初步得到应用。而到了封建社会，铁制农具得到广泛使用，牲畜成为农业生产的役力，大大减轻了人的体力负担，提高了农业生产力。特别是到了元、明、清时期，铁制农具的刃口变成钢制，从耕作技术上看，深耕通晒，积肥施肥，轮作、间作、套作等精耕细作也发展到较高的水平；而封建国家中央集权制度则能够保证以全国的财力、物力来修渠治水、引水灌溉、储粮赈灾。因此，农业的生产力进一步得到提高，从而使有限的土地可以养活更多的人口。

最后，饥荒、天灾、疾病、战争等平衡着人口的增长。从农业社会的每一个历史发展时期看，在一定的生产力水平和土地数量条件下，能够供养的人口有其最大的限度。如果人口增长超过生产力发展水平和土地承载力，饥荒、天灾、疾病、战争等往往就发挥调

控人口的作用，以使其与土地承载能力和生产力发展水平相适应。在传统的农业社会中，各类战争频发的一大深层次原因，实际上是人口过快增长与土地供给相对不足之间产生矛盾。比如，有的战争直接是为了争夺土地资源和生存空间。游牧部落之间为了争夺草场而战，游牧部落与农业部落之间为了争夺土地、粮食、牲畜等资源而战，农业部落之间、国家之间为争夺耕地而战。又如，有的战争是农民为反抗土地兼并和税赋徭役太重而揭竿而起。当新王朝建立时，前朝庞大的"吃皇粮"的官吏减少，一般还要改革土地制度，对农民轻徭薄赋，让其休养生息。随之，人口增长速度加快，人口大规模增加，吃皇粮的官吏增多，赋税也随之加重，人口消费需求与土地承载能力之间的矛盾又变得尖锐起来，于是灾荒、饥饿、土地兼并和官府赋徭成为流民增加的重要原因，农民起义战争随之四起，人口再一次大量减少，朝代再一次被改换，吃皇粮的官吏也随之大大减少，新政再一次实施，社会又会进入一个太平盛世，人口又会大量繁衍。社会就是这样循环往复，实现着人口与土地之间的动态平衡。比如，经西汉盛世到汉平帝时，在籍人口近6 000万，到三国时因战乱和饥荒人口减少到2 000万，唐朝盛世唐玄宗时人口上升到5 300万，宋朝宋太宗时又因战乱和饥荒等减少到3 250万，到了元朝元世祖时又上升到5 880万。就公元前3000年到元代末年这样长的一个历史时期看，中国人口的绝对数按"增加—减少—增加—减少—增加"循环，人口的增长类型为高出生率、高死亡率和低自然增长率。进入明清时期，特别是在清朝，战乱相对较少，社会环境相对较好，人口向外地和城市流动又有保甲制度的约束，加之自给自足的封建小农经济处于鼎盛时期，生养人口的直接成本和机会成本都较低，于是人口在农村大量繁衍。这个时期，中国人口增加了3.4亿之多。中华民国的38年间，由于人口基数已经较大，虽然历经军阀混战、抗日战争和解放战争，也历经各种自然灾害，人口因战争、饥荒和疾病死亡不少，但还是增加了1.3亿。到了新中国成立初期，中国人口总规模已经达到5.4亿之巨。

2. 西方国家城市和工商业文明解决人口增长与土地瓶颈矛盾的方式

西方一些国家，其农业文明比中国晚了许多年。中国土生的植物，如黍、高粱、稻谷、大豆、大麻和桑树等早在公元前5000年时已经作为旱地作物得到种植。而中欧和西欧等地，由于那时还没进入铁器时代，没有造价低廉而且有效的工具，茂密的森林几乎成了难以逾越的障碍，所以农业文明的出现也推迟到很久以后。这种农业的不发达对欧洲人口可能的过快增长起到了推迟作用。就古代文明讲，欧洲的特点是城堡和商业，这是区别于中国农业文明的两个特点。城堡使人口的集中度提高，而商业则使手工业发达。城市和手工业及商业社会使人口生养的直接成本和机会成本上升，从而从家庭经济核算方面抑制了人口的增长速度。而且，比起中国来，欧

洲的另一个特点是，工业文明比中国早了近200年时间。欧洲的工业革命，使人们的生产和生活方式摆脱了传统农业社会人口对土地的依附和土地对人类生活改善的制约，从此小农经济加速破产，人口加快向城市集中。总之，城市化和工业化造成的人口生养直接成本和机会成本上升，使得在人们生活富裕之前有效地抑制了人口的增长，使人口增长向低出生率、低死亡率和低自然增长率转型。

尽管中国有几千年的农业文明，然而，让经济学家、人口学家和生态学家们深感惋惜的是，中国没有在发展的鼎盛时期顺利转入城市和工商业文明，农业文明虽然历经战乱、灾荒、瘟疫等的抑制，但是"粮棉文明—人口增长—粮棉再文明—人口再增长"的循环链，使有限土地上的人口越来越多，土地负担越来越沉重，逐渐凸显的人地矛盾也就成了中国发展的达摩克利斯之剑。因此，中国目前"三农"问题的深层次矛盾，在某种意义上可以认为是农村人口过多与农业耕地有限之间的矛盾。就西方发达国家的历史经验看，解决这个矛盾的根本出路在于城市化和工商业的发展不断吸收乡村剩余人口和剩余劳动力，在农业内部是很难从根本上找到解决问题的出路的。

（二）经济发展水平与人口增长转型

生产、分配、交换和消费等经济活动，都以人的生活和发展为基础。人口的规模和增长速度既影响一国国民经济的发展，反过来也受到经济发展水平的制约。事实上，人口总和生育率、人口增长速度与人均GDP和经济增长速度有着显著的相关关系。一般来说，总和生育率越低，人均GDP水平越高；而人口自然增长率越低，甚至负增长，则经济增长速度也越低。以下是根据世界银行数据库2013年208个国家和地区有关横截面数据，进行的相关回归分析。先来看人口自然增长率与经济增长率的关系，其散点图如图3-1所示：

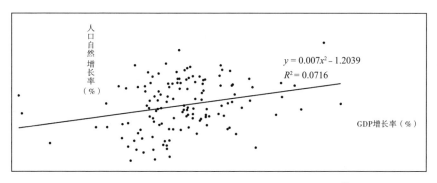

$$y = 0.007x^2 - 1.2039$$
$$R^2 = 0.0716$$

图3-1 人口自然增长率与GDP增长率关系[①]

从图3-1可以看出，除去极端的数据，一般来说，人口自然增长率高的国家和地区，经济增长率也高；反之，人口自然增长率越低，或者负增长的，经济增长率也就越低。其数学关系式为：

$R_{\text{GDP}}=7.629R_{\text{pop}}-6.846$

R_{GDP}为GDP增长率，R_{pop}为人口增长率，单位均为%。

再来看生育率水平与经济发展水平的关系。其散点图为：

---

① 数据来源：世界银行数据库．链接：http://data.worldbank.org.cn/indicator/all.

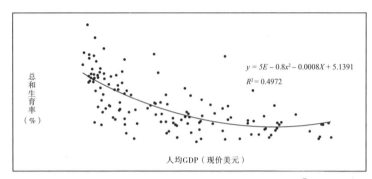

图3-2　总和生育率与人均GDP的关系[①]

从图3-2可以看出，人均GDP水平越低，总和生育率（指平均每一育龄妇女一生中生育的孩子数）越高；而人均GDP水平越高，总和生育率越低。总和生育率随人均GDP的增加而降低，但人均GDP水平提高到一定程度后，总和生育率保持在一个中低水平的稳定状态上。人均GDP的临界值约为1万美元。

上述分析表明，人口增长虽然与经济增长呈正相关关系，但不同于马尔萨斯的人口论，经济发展水平提高后，生育率并没有随之提高，人口增长也不是呈几何级数增长，特别是当人均GDP水平达到一定程度后，生育率就会转到一个较低水平上，人口不仅增长乏力，甚至还会出现负增长的情况。许多学者分析数据发现，即使没有实行计划生育的国家，其人口增长也会出现从工业化开始时的"人口爆炸"，到工业化中期的温和增长，再到工业化结束时的低

---

① 数据来源：世界银行数据库. 链接：http://data.worldbank.org.cn/indicator/all.

增长甚至负增长的转型。比如，欧洲、俄罗斯和东亚一些目前人口低生育、低增长，甚至负增长的国家，许多也并没有实行计划生育，或者只实行了指导性计划生育。2005年是日本标志性的人口减少元年。日本国立人口及社会保障问题研究所2006年12月30日公布的预测显示，如果日本的妇女总和生育率继续维持在1.26的水平，大大低于2.1的妇女生育更替水平（指这样一个生育水平，即同一批妇女生育女儿的数量恰好能替代她们本身），那么在今后的50年时间里日本人口将减少30%，即到2055年的时候，日本人口将不到9 000万。[①] 中国人口生育率和增长率，20世纪70年代中期已经开始从高出生、低死亡、高增长向中低出生、低死亡和中低增长转型。但改革开放以来，由于计划生育政策和上述规律的双重调节，中国的人口增长在80年代前中期一度反弹后，与欧洲、俄罗斯和东亚日、韩等国家和地区相比，生育率和人口增长速度提前进入低水平区间。

（三）中国的困境及未来的选择

新中国成立后，中国基本上实行了抑制人口向外地和城市及城镇流动的发展战略和户籍政策。农村人口不能向城市流动，城市的工业化不能快速吸收农村人口，并且很长一段时间里将乡村工业当作资本主义加以限制，加之农村医疗条件改善、温饱得到保障、没

---

① 赵忆宁. 转轨中的日本[M]. 北京：中信出版社，2007：17.

有土地兼并和战乱，农村生养子女的直接成本和机会成本都很低，于是中国农村的人口剧增，推动中国的人口又一次大爆炸，从新中国成立初的5.4亿增加到2000年的12.6亿，51年间增加了7.2亿，新增人口比2000年时俄罗斯、加拿大、美国、澳大利亚、巴西五个大国的总人口还多1.3亿。

现阶段，农业、农村和农民问题的最基本和深层次矛盾是什么呢？我们认为仍然是农村人口增长与耕地供给有限之间的矛盾。矛盾的焦点不在于全国人均耕地的多少，而在于土地上劳动的农民拥有多少耕地。不能不看到，目前农村人口虽然增长速度放慢，但是还在增长，由于基数过大，每年增长的绝对数规模仍然很大，新增人口和适龄劳动力分别增长800万人左右。问题的症结在于太多的农村劳动力与太少的农村耕地之间的矛盾。

目前，社会各界对要提高农民收入必须加快农业剩余劳动力转移和城市化进程基本上达成共识。但是，因短期内城市和城镇人口容量有限，城镇劳动力就业和再就业都很困难，加之担心人口流动会带来社会稳定问题，有些人提出近期及一个时期内，提高农民收入还是主要以调整农业内部产业结构来实现。这种思路，无论是从短期来看，还是从长期来看，都不能从根本上解决问题。首先，农业产业内部结构的调整，农民对市场需求结构存在着信息不对称的情况，而政府指导调整结构在实践中往往使农民卖不掉按照政府指导生产的农业产品，加上生产农业产品的人过多，一旦生产农业产品的大量农户向某一种市场旺销的产品调整生产，结果往往是造成新的过剩。其次，剩余农民转移不出去，即使将劳动力向生产某一类农业产品调整，因劳动生产率太低，收入也不会增加多少，反而会因活劳动成本太高，而使新的产品生产亏损。最后，从英国、日本、韩国等国家和中国台湾地区的历史经验看，从根本上讲，他们并没有走通过农业内部产业结构调整来解决农业劳动力过剩和农民收入过低的路子，而是向工商业和城市转移了剩余的农业劳动力，实现了农业一定程度的规模经营和兼业经营，既提高了农民的收入，又提高了农业的劳动生产率。因此，主要将农民固定在耕地上来调整产业结构的思路，是很难符合农民增收和经济长远发展的实际需要的。

综合起来看，为从根本上解决现阶段中国的人地矛盾，促进中国经济健康可持续发展，有必要深化以下几方面认识：

一是正视当前人地矛盾突出的现实国情。中国明清时期没有向城市化和工商业化转型，新中国成立后农业的人口流动又被限制，工业化几乎是城市封闭独立的过程，没有逐步较好地吸收农村过剩的劳动力，加上农村医疗条件改善、温饱得到保障、无战乱等社会环境，农村中积累了巨额人口。目前，农民收入低实质是历史积累的土地与人口之间的矛盾在今天变得日益尖锐而已。

二是农村人口向城市和工商业转移是缓解人地矛盾的治本之策。从国际比较看，中国农业劳动力人均耕地已经属世界最低水

平。在经济全球化的今天，这样低的劳均耕地水平，无论如何也竞争不过劳均耕地水平高的国家的农业。在这样低的劳均耕地水平上调整农业产业结构，虽然有一定的作用，但是就总体和中长期看，甚至就短期看，也是徒劳的。根本出路，还是要鼓励农业剩余劳动力离开农业，向城市和工商业转移。

三是国家大量农村扶贫资金应该好钢用在刀刃上。如果通过扶贫，将农业剩余劳动力转移到了城市和工商业中，农业实现了起码的规模经营，这是成功的。如果国家花了很多钱，但却使得农业剩余劳动力不思向城市和工商业转移，最终很可能会事与愿违。应当调整扶贫的目标和方向：要通过扶贫，让农业剩余劳动力向城市和工商业转移，最后实现农村最起码的土地规模经营；扶贫资金主要应用到推进土地和农村相关制度改革、培训农民技能、鼓励剩余劳动力向城市和非农产业转移上。

四是国家实施相关土地改革政策时要注意循序渐进、统筹兼顾。承包经营的土地实际上是农民的一种保障，土地规模化发展太快，容易导致部分农民破产。如果城市和工商业的发展不能及时吸收和消化他们，则会出现类似历史上因地主兼并农民土地而引发的社会不稳定的情况。但是，如果不让土地规模经营，土地不在农户之间流转集中，农民的收入也难以从根本上得到提高，中国农业的现代化也不可能实现。这就需要一方面放宽中小企业注册审批、税费负担和融资贷款等政策，加快城市化进程和城市中小企业的发展，吸收农业剩余劳动力；另一方面深化土地制度改革，鼓励农村土地出租、转让使用权等，使土地集中使用，最终实现耕地的家庭农场规模化经营。

二、开放流动与土地住宅体制改革

我们究竟要选择、设计和安排一种什么样的土地住宅体制，不能仅仅考虑国家和政府管理方便与否，而应当从动态的经济发展阶段和静态的经济运行体制去考虑。因为土地住宅体制的设计和安排只有适应发展阶段和实际的运行体制，即土地住宅体制供给的功能符合发展需求，才能成为一种有效率和交易成本较低的运行制度。

（一）开放流动是现代经济增长和城市化、工业化的必然要求

城市化、工业化是现代经济增长的必由之路，城市化、工业化的过程，也就是整个经济社会开放扩大、流动加剧的过程。农村人口城市化是一个世界性的经济规律和社会发展趋势，世界上还没有这种先例：一个拥有很大比例农村人口的发展中国家可以直接转变成发达国家。农村人口不断向城市转移和集中是一个国家高增长的重要推动力，在城市化水平达到65%左右时，国家基本完成工业化，达到85%时进入较成熟的后工业化国家。从刘易斯和舒尔茨等人的二元经济结构和人力资本理论看，人口流动，特别是城市化既是流动过程中形成人力资本的过程，也是剩余劳动力得到利用、收入提高和相关土地等资源重新配置，推动经济强劲增长的阶段。舒

尔茨经过计算发现，美国20世纪初的经济增长动力有1/4来自人口流动。中国在明清时期虽然产生了资本主义萌芽，但并没有爆发类似西方世界的工业革命，也没有出现城市化、工业化的浪潮，很重要的一个原因是实行了闭关锁国政策及把农民束缚在土地上的缺乏流动性的制度安排。

那么，在城市化、工业化过程中，整个社会经济开放性、流动性的加剧以及随之而来的城乡人口大规模迁移，究竟是怎样发生的？其发生机理何在？对此，国外一些学者进行了比较细致且有说服力的研究。比如，德国著名社会学家、经济学家马克斯·韦伯在做了大量的统计分析后发现，农村人口向城市的移民，导致了乡村地区的人口短缺，而更为遥远地区的移民会搬迁至此以填补空缺。这个过程会一直继续，直到最遥远的乡村地区也能感受到快速成长的城市的吸引力。[①] 还有，美国学者布赖恩·贝利在梳理马克斯·韦伯、西蒙·库兹涅茨等学者观点的基础上，认为在19世纪西方国家的现代化过程中，日益细化的劳动分工、市场不断扩大、城市化加速等均需要或产生了以下结果：过去从事农业以及那些传统工业生产中的非熟练工人，转向了技术型的白领职业或高层次的职业，这些职业绝大部分在城市集聚区。旧的体制从根本上受到震动，新的体制开始建立起来，在金融和市场体制方面更是如此，从而引发

---

① 贝利. 比较城市化: 20世纪的不同道路[M]. 顾朝林, 译. 北京: 商务印书馆, 2010: 6.

了社会、经济因素在城市的高度集聚，使得更高效率的生产力成为可能，现代体制变得更为有效。因此，在初期的现代化撼动了传统的社会结构以后，外部经济得以实现，导致传统经济行为模式产生了更大的变革。以上过程互为因果、互相依赖，是一个复杂性不断加剧的循环。[①]

在农业文明向城市和工商业文明演变的过程中，与人口流动迁移相联系的必然是土地制度的变革。英国著名法律史学家亨利·梅因指出，在乡村，土地被家族共同拥有，而在城市中，土地成为重要的可以交换的商品，所以个人可以不再依附于土地或者家庭。[②]

土地商品化，实际上是要求土地制度更具开放性、流动性。从世界各国的发展实践看，尽管土地具体的产权制度安排可以有很多种类型，既有公有制，也有私有制，但在城市化、工业化发展浪潮中，原先的制度安排都无一例外地向便于交易流动的制度转型。国内的学者们往往简单地将中国的人口流动和城市化水平与其他国家和地区相比，而忽视了中国在土地、户籍等制度上与这些国家间的巨大差异。土地制度封闭僵化、城乡户籍不统一等，使得人口流动、消费和投资需求的激发、农村土地等资源的优化配置这些在其他国家可以强劲促进经济增长的动因所发挥的作用在中国锐减。

---

① 贝利. 比较城市化：20世纪的不同道路[M]. 顾朝林，译. 北京：商务印书馆，2010：2-5.

② 同①11.

（二）结构转型和体制转轨要求土地制度更具开放性、流动性

经济发展从农村社会向城市社会、从农业经济向城镇经济的转型，会使土地的利用结构、方式、使用者不断地发生变化。一部分农村土地因城市化要通过交换和其他方式变成城镇用地，一部分农民的宅基地和承包的耕地因农民到城市务工和居住而需要出租、转让，一部分已缩小甚至消失了的村庄的公共用地也要通过出租或者交易配置到农场或者牧场中。同时，随着城市化的推进，农村社会组织和生产组织形式也可能发生变化，大多数农村因人口的转移要萎缩，一些农村扩大为小集镇和小城镇并且其企业也得以发展，土地所有形式也会随之而调整和改变。所有这些与土地有关的二元结构变化，对土地制度的供给有着特殊的需求：土地制度要有利于二元结构转变过程中土地的再配置和再利用，并且降低这种结构转变过程中土地再配置的交易成本；要有利于城市化进程，而不是成为城市化进程的障碍。

农业现代化的一个重要内容是土地规模经营、专业化种养。一部分农民的耕地，一部分原来村里的水利、田间道路等公共设施，要集中流转到种田、养殖、植树等大户和专业技术能手的农牧场中。这种变动对土地制度供给的出租、交易、抵押等安排有着特殊的要求。而一部分乡村向城镇发展，土地向非农业经济配置，农民的大部分收益来自非农业的收益，村里以企业的形式集中使用土地，并用非农业的收益来扶持低收益的农业，也需要土地股份合作制等新的土地产权形式来适应这些变化。

在市场经济体制中，供求信息横向传播和市场横向调节资源分配，是其基本的特征。当前，中国一般消费商品和资本、技术、劳动力的供给与需求信号是横向传播和流动的，它们的配置也是由市场横向调节分配的，但土地要素和部分房地产商品的供给与需求信息却不完全是横向传播流动的，而基本上是纵向集中和下达的方式。在同样的市场经济体制下，不同的商品和要素适用不同的配置方式，在实际运转中摩擦成本太高，也使市场机制作用的发挥大打折扣。比如，就城镇内房产的配置来看，农村转移到城镇的人口需要有住的地方，一些城镇居民因人口减少和流动而住房发生闲置，一些居民因收入提高需要将面积较小的住宅变成面积较大的住宅，一些居民因工作地点的变动需要舍此地点和此城市住宅而求彼地点和彼城市住宅，一些适于经商的住宅可能要改变用途等，这些每时每刻发生的住宅供求，不可能通过高度集中的制度加以合理和及时的解决。因此，土地住宅体制的设计和供给，也需要适应人口的不断流动和迁移、社会经济结构的不断变化以及总的配置资源的市场配置体制。

此外，中国有大量的荒山、荒漠等劣质土地，并且每年优良土地荒漠化、水土流失、生态破坏和环境污染等问题大量出现，优良土地的劣质化趋势没有得到有效遏制，并越来越严重。特别是在西部大开发中，边远地区的一些土地需要投资和开发。如果仅仅依靠

政府投资基础设施搞西部大开发，财力肯定有限，并且植树种草完后，还会发生"公地的悲剧"，西部也会因企业投资少而发生基础设施资本与产业资本的比例失调。而调动社会和民间的力量投资、改造荒漠和治理水土流失，保护生态环境，进行西部大开发，关键是要设计一种能够吸引资金流入劣质土地和边远国土的制度安排与供给。

（三）安居问题是现阶段城市化进程中面临的突出短板

国内学者研究中国人口城市化慢于土地城市化的原因时，通常更多地归于户籍的城乡分割、教育医疗和社会保障城乡二元制度等。实际上，临时户籍制度、农民工子弟学校、不断健全的医疗及社会保障制度等，已经在一定程度上克服了这些障碍。我们认为，阻碍农民向城市固定和永久转移的最大障碍，其实是农民迁入城市的居住成本过高，使其不堪重负。具体来说，有三个原因提高了农民进入城市固定和永久居住的成本门槛：

一是城市住宅的高房价。通常，社会上用房价收入比，也就是家庭购房总价与家庭年收入的比值，来分析居民购房的支付能力和房地产政策。由于统计的依据及标准存在差别，这一数据众说纷纭。比如，据上海易居房地产研究院在2014年5月发布的《全国35个大中城市房价收入比排行榜》显示，2013年全国35个大中城市房价收入比均值为10.2，剔除可售型保障性住房后，北京房价收入比高达19.1，位居首位。[①] 又如，据清华大学政治经济研究中心、中国社会科学院社会科学文献出版社、河南财经政法大学在2012年3月公布的调查报告，全国城镇房价收入比为12.07，一线城市房价收入比高达25.25。[②] 不管怎么统计、具体比值是多少，有一点是肯定的，即中国城市确实存在高房价问题。一般来说，国际上合理的房价收入比的范围为4～6，显然中国的房价收入比远高于合理水平。从当前的实际情况看，在一些房价比较低的中小城市，农民工购房的积极性比较高，也能够比较容易永久迁到城市安居。比如，2016年3月全国"两会"期间，住房和城乡建设部部长陈政高在接受中外记者采访时提到，"一些中小城市农民工购房占购房总量的30%左右，在县城占到50%，甚至更高"。[③] 但是，面对很多大中城市像天一样高的房价，众多农民工只能望"房"兴叹。

二是限制城郊出租屋、"小产权房"等低成本住宅的供给。实际上，不论是从东亚模式看，还是从拉美和南亚模式看，贫民窟实际上是农村剩余人口向城市迁移成本门槛最低的一种方式。只不过东亚与拉美和南亚的区别是，前者逐步消失了，而在后者一些国家

---

① 35城市房价收入比排行 寻找11处生活最轻松的地方[Z/OL].（2014-05-30）[2015-01-27]. http://house.hexun.com/2015-01-27/172780318.html.

② 徐滇庆，李昕. 房地产的供求与保障[M]. 北京：机械工业出版社，2014：71.

③ 住建部部长：稳定一二线城市房价是重要任务[Z/OL].（2016-03-16）[2016-03-26]. http://news.xinhuanet.com/politics/2016-03/16/c_128802861.html.

中，规模越来越大，存续时间越来越长。由于各地城市政府都追求城市建设和市容现代化，大量的城中村被改造，私搭乱建随时被拆除，城市居民区和城郊出租屋、一些所谓的"小产权房"随时可能被认定为非法并被查抄，导致中国农村人口几乎没有低成本迁入城市和固定居住的渠道和选择。

三是农村中的承包地、宅基地等既不能作为资产变现，也无法置换成城市中的住宅。从东亚城市化进程中的居住模式看，由于其农民的土地是私有的，可以通过入股、抵押、出租和出售的方式，形成创业的资本，也可以用其置换城市中的住宅等，其土地资产的收益变成了农民在小城镇和城市中创业的资本，迁入城市的农村人口在城市购买住宅的能力较强。而中国的土地集体所有制度和集体所有变国有的强制征用制度，使农民失去了利用土地资产增强在向城市转移过程中创业、就业和居住能力的一个重要的基础性条件。

此外，还应该认识到，现在的土地住房制度如果不改革，在阻碍城市化、现代化进程的同时，还会造成非常麻烦和危险的经济与社会后果。首先，相当多的人口会在农村改善居住条件，并且城乡两栖居住将占用和浪费大量的土地。由于农村剩余劳动力不能在城市中固定居住下来，实际上形成了相当多人口的城乡两栖居住。这部分人在城市中虽然居住面积较小，但还是要有许多住宅，占用许多土地。如果这部分人中的一部分，再在城镇和城市中购买住宅，则占用的土地会更多。其次，人口在城乡之间为生计而剧烈流动，增大了社会动荡的风险。有固定住所的城市人口，虽然因商务、休假、旅游等流动，但这样的流动对社会的稳定影响很小，是一种良性的人口流动。中国农民进入城市后，没有固定的住所，人口因探亲和生计而在城乡之间及区域之间大规模剧烈流动，单身者在城市中又无所顾忌，这样的社会是很危险的，很可能一件小事就会引发和酿成局部的、区域性的动荡。再次，农村人口老龄化的程度将快于城市。从农村与城市之间的人口流动看，进入城镇和城市的主要是年轻人；而如果不能在城镇和城市中永久居住，回农村的主要是农民工中的老年人，这使得农村人口的老龄化程度越来越高。最后，如果土地住宅体制不改革，转移进入城镇和城市的人口，其相当多收入要支付房租，社会很可能会形成利用住房食利和被房东索租索利的两个阶级，与共同富裕的目标南辕北辙。

（四）顺应开放流动大势调整土地住宅相关制度政策

从上面的分析可以看出，中国城市化进程中，关键是要降低进城劳动力和人口的居住成本，使其能迁入城市，从而降低城乡两栖居住率，减少因两栖居住而形成的人口在城乡之间的剧烈流动。

首先，调整城乡土地利用战略及政策。农民不能在城市永久居住的原因是房价太高，而城市房价太高的一个重要原因是住宅用地供应不足，导致房屋供应缺口较大。国内外的学者总是盯住城市建设占用了多少土地，其实城市化快速发展过程中，城市建设面积扩大是必然的。而当农村人口在持续减少时，农村建设用地特别是住

宅用地持续增加，就不太正常了。因此，从土地利用的战略上讲，要放宽对城市建设用地的供应，特别是加大对城镇住宅用地供给，而需要严格限制的是农村住宅用地的扩大。为了避免日后村庄整理、拆迁安置、复垦耕地的成本，一定要严格限制城市居民到农村购买庭院式住宅，特别是要限制到基本农田地带的农村、远期看要被整理复垦成耕地的农村去购买院落。

其次，支持进城农民以多种形式解决住房问题。一是放宽和鼓励"小产权房"的建设。大量建设目前所称的小产权住宅，把住宅的成本及房价降下来，使农村剩余劳动力和人口到城市能够购买得起住宅。二是放宽对"城中村"、城郊出租屋的限制，包括在城市的一些区域中开发居民可以自行按照大体规划建房的平民区。中国城市化道路的一个思路就是重新考虑是否允许所谓非正规的平民区存在和发展。关键在于，政府是否有能力为大量进城农民提供低价或限价房。事实上，面对亿万进城农民，政府就算有主观愿望，财政恐怕也承担不了。在这种情况下，可以尝试重新考虑对城中村和城郊出租屋的容忍程度，适度地放宽对这些平民区的限制，并随着经济发展逐步进行改造，这样既能降低城市化进程中农民的居住成本，又能减少因为缺乏住宅而导致的人口剧烈流动对社会稳定所可能造成的不良影响。三是提高进城农民对住宅的支付能力。与土地制度有关的一大做法，是让农民的土地资产化，增加农民的财产性收入，也使得一部分农民在城市里能够有资本创业致富，从而增强他们在城市中购买住宅的能力。

最后，同步推进农村基层组织和政权体制改革。城乡土地制度，既是经济体制的一部分，也是政治体制的一部分。农村土地的所有和使用制度，实际上是农村政治体制模式的一个基础或者重要因素。如果要改革农村土地制度，必然会影响整个基层社会政治经济制度的基础。因此，在改革土地制度时，农村基层组织和政权体制的改革必须同步跟进。

三、租佃关系与土地所有制

从古今中外的土地所有制实践看，都呈现出明显的所有权与使用权相分离的制度特点。实际上，租佃制度或租佃关系发挥了重要作用，适应并推动着土地所有制的变革。

（一）中外历史上的租佃关系

从字面上理解，租佃是指把占有的土地出租给他人使用以换取地租。从传统马克思主义理论看，租佃行为以及随之产生的租佃关系是地主对农民进行剥削的前提，消灭封建地主剥削制度，也就要消灭租佃关系。按这样的理论，在土地租佃的问题上，无论在理论上，还是在实践中，中国走得都不远。

通常认为，中国历史上的租佃关系滥觞于春秋后期的"公田不治"、井田制破坏后，出现了大量私田，拥有私田的地主把土地分

给逃亡奴隶和破产平民耕种，并从中收取地租。两汉时期，则出现了封建领主按"税什伍"让佃农耕种家田，田客月千钱，受雇耕种田地，给田童维持基本生活的费用，允许其耕种田地。这种土地私有权与租佃经营权、有限收益权的分离，是推动汉代农业恢复、生产力提升、社会发展的制度根源。① 魏晋南北朝时期，曹操推行的屯田制把民田中的租佃关系应用于官田，此时民田中开始出现了缔结契约关系的租佃形式。隋唐之后至元朝，立契租佃关系普遍流行。唐朝中叶后，伴随土地兼并和大土地所有制的发展，租佃关系在社会经济生活中占据了主导地位，宋朝以后，佃农更是成为社会生产的主体。在宋朝官田的租佃经营中，出现了由官户和吏户等组成的权势户包占官田，并转手再租给农民，充当"二地主"的现象，并形成了业主、田主、种户之间的复杂租佃关系。还有，一些佃户把官田视为永业，可以子孙相继，永佃权即萌生于此。明清以后，随着租佃关系的发展，主佃之间严格的人身依附关系逐渐瓦解，单纯纳租关系得到了发展，佃户与地主或田主的关系也逐步平等起来。明末清初，土地权利制度创设方面，推行了国王所有与多元私人所有并存的格局，并且将官田授予私人耕作使用，确立了永佃权，即实行租佃的土地所有权与田面使用权的分离，从而促进了资本主义生产关系的萌芽，奠定了明初的"海洋文明"和清初"康

---

① 徐汉明. 现代土地产权制度的功能及其发展（上）[N]. 法制日报，2014-08-06（9）.

乾盛世"的基础。[①]

　　在国外，租佃关系特别是永佃权很早就开始出现。实际上，"永佃权"这一概念源于希腊语，由此推算这一制度在古希腊时期就已存在。在罗马帝国时期，帝国把掠夺来的归国家所有的土地，分租给平民耕种，并取得一定的年度租金，这属于典型的租佃关系，平民在耕种土地的过程中逐步享有了独立的物权，租佃关系也就演变为永佃权。在西方世界和现代资本主义国家的发展中，显然都能看到租佃关系在社会经济发展中的重要地位。值得关注的是，英国土地产权制度安排强调国王对全国土地的绝对归属保有，与个人、企业及其他机构对土地权益、保有权的分离，允许土地保有权人对土地形式上的拥有，即意味着其可以某种方式转让、转归他人。这种保有权与土地权益有序分离的产权制度安排，是推动英国工业革命，并使英国成为发达国家极为重要的土地权利制度。[②] 目前，法国、德国、日本等国家在民法等法律中，都对租佃关系和永佃权做了明确规定。

（二）发展租佃关系，促进土地流转和农业规模经营

　　市场经济的一个基本要求是，任何生产要素的供求都必须由市场的价格机制来调节。地租通常是指土地所有者向土地使用者让渡土地使用权所获得的收入，实质上就是所让渡的土地使用权的价

---

① 徐汉明. 现代土地产权制度的功能及其发展（上）[N]. 法制日报，2014-08-06（9）.
② 同①.

格。只要有土地使用权交易流动的地方，就有地租，也需要地租。在地租的调节和刺激下，土地能够在市场中顺畅流动，并以此促进劳动生产效率和土地利用效率的提高。从中国目前的实际情况看，当承包土地的农户把经营使用权转给当地种田能手时，土地经营使用者一般也要支付使用费。然而，由于没有形成有效的市场，地租的作用并没有充分发挥，不能准确而又稳定地反映土地的真实价值，客观上阻碍了市场价格机制作用的发挥。可以说，目前农村土地规模经营中存在的很多问题，或多或少都与此有关。因此，首先要从思想上正确认识地租和租佃关系的作用，并致力于形成有效的土地租赁市场，使正常的租佃关系得到发展，地租的市场调节作用得到切实发挥。这样，一方面强化土地承包人的"次所有人"地位，鼓励他们及时流转出租土地，减少土地的抛荒和资源浪费；另一方面使土地的经营者在支付正常租金的过程中，更加自觉地重视地力的维护和土地的投资，并减少短期行为。

四、现代产权与土地资源配置

市场经济健康发展，市场价格机制调节供求关系、优化资源配置等作用的发挥，都是以产权明晰、产权权能完整及其制度化为条件和基础的。

（一）现代产权的有关理论与实践

产权理论源于西方，但由于国情、法律体系的不同及认识研究角度的差异，导致人们对产权的定义有着不尽相同的理解和观点。[①]通常，现代产权是以传统财产所有权为核心逐步建立发展起来的，是指在社会经济运行中，市场主体通过一定的方式对原始财产权利依法承受、使用、收益和处分流转的结构性财产权利关系。其本质是一种排他性的权利，除开一个主体外，其他一切个人和团体都在排斥对象之列；其运动的外在表现形式是交易流转性；其基本功能是通过"成本—收益""激励—约束""外部性—内部化"作用的发挥来优化稀缺资源配置，实现与原始财产（归属者）主体各自分成收益的最大化。[②] 比如，20世纪60年代，越南处于南北分裂时期，在越南民主共和国农村合作社的制度设计里，大约有5%的土地平均分配给了每一户农民，以便农民耕种合作社不生产的小量蔬菜瓜果。让人没想到的是，农民平均年收入的60%～70%都来自对这5%的土地的精耕细作。仅仅5%自留地的产出居然远远超过95%的合作社土地产出。[③]

西方产权理论认为，没有产权的社会是一个效率绝对低下、资源配置绝对无效的社会。但有效产权制度的建立及维系，需要国家权力的介入，而这又会面临一些突出问题。"诺斯悖论"认为：一

---

① 简德三，张学文. 房地产经济学[M]. 3版. 上海：上海财经大学出版社，2012：87.
② 徐汉明. 现代产权与传统财产所有权（上）[N]. 法制日报，2014-08-20（9）.
③ 钱竞. 越南土地法律制度历史沿革与现状略述[M]//张千帆. 土地管理制度比较研究. 北京：中国民主法制出版社，2013：200.

方面，政府作为全体社会成员的代理人，要建立和维护有效产权制度，实现产出最大化，增进社会福利；另一方面，由于利益集团干扰、政府的有限理性和思想观念等原因，一些无效的产权制度很难突破，会偏离社会利益。西方制度变迁理论中的社会冲突观点认为，一国的经济和政治制度是由当时掌握政治权力的集团选择的，因此，现实的经济制度并不会最大化整个社会的福利或利益，而只是最大化由这些利益集团控制着的利益。

在苏联，法律规定土地全部属于国家所有，买卖、抵押、遗赠、赠与、租赁和任意交换土地以及以其他公开或隐蔽的形式侵犯土地国家所有权的行为都无效；任何组织或个人要使用土地，均遵循严格的土地使用程序向国家申请，国家则将土地划拨给使用者无偿无限期使用；土地使用者如不使用土地，不得自行处置，必须交给国家重新安排使用。可见，苏联的产权制度安排对国家没有任何制约作用，如果受到利益集团的影响，政府很容易侵犯个人的土地财产权利。而且，就算政府主观愿望良好，但也面临信息、激励等方面的不足，很难优化对土地资源的配置。但在美国，个体与个体之间、政府与个体之间，甚至政府与政府之间的产权边界清晰，权责十分明确。比如，联邦政府与州政府在财产关系上是相互独立的，就算拥有的土地都是公有性质的，也要通过交换或购买取得，不能随意占用。如果政府为了国家和社会的公益事业，需要占用个体私有的土地，更要遵循有偿使用原则，按照市场上的公平价值进行补偿。显然，在美国的产权制度安排下，国家权力"越轨"相对比较难，经济主体有更大的激励机制加大投资或改进技术，国民经济的运行效率也比较高。

（二）中国城乡土地产权制度及资源配置状况

在中国，名义上城市土地属于国家所有，但实际上是由具体的实体机构经营管理。目前，国有土地资源由从中央到各省、市、县的多级政府来管辖，下一级政府向上一级政府负责，中央政府向全国人民代表大会负责，各省、市、县政府也同时向当地的地方人民代表大会负责。这种复杂的管理方式，加之政府横向部门之间职责界定不清，使得国有土地的法人代表出现了虚化问题。而土地使用单位，特别是国有单位，只要获得政府计划审批后，就可以比较自由、无偿地长久使用、闲置、储备土地，国家所有制实际上已经演变为单位所有制，国家的土地所有者权益也就难以确保。

在农村，名义上土地属于农民集体所有，但在行使所有权时，又受到政府的严格控制。首先，集体土地受国家土地政策和规划调控。其次，集体土地的产权主体十分模糊，多数地方的村级组织实际上代表集体土地所有者发挥作用，而村级组织虽然是通过村民自主选举产生，但受制于乡镇党委、政府，在执行政策的过程中事实上是行政机构的延伸。再次，国家可以根据需要征收或征用集体所有的土地，但在任何情况下，国有土地都不可能转变为集体土地。

最后，农村集体不具备在国家一级市场上自由买卖土地的法律资格，买卖土地的权利由国家垄断，国家始终牢牢把握着对农村集体土地的终极所有权。

在目前的土地产权制度安排下，一方面，由于土地产权权能残缺、土地收益分配不明确，缺乏有效的农民承包地、宅基地等生产资料和财产的退出机制，随着大量农村人口涌入城镇的，不是农业的规模化、集约化、组织化、市场化发展，不是农村土地资源的优化配置，而是越来越多的"人地分离"、土地撂荒闲置、耕地侵占、空心化村庄，严重影响甚至危及我国耕地资源保护、现代农业发展、粮食安全保障。据中国社会科学院地理资源所测算，通过构建完善的农村人口转移机制、宅基地退出与盘活机制，全国空心村整治潜力达1.14亿亩。[①] 另据有关学者估算，目前农村闲置土地规模达到185万～285万公顷，相当于现有城镇用地的1/4到1/3。另一方面，由于我国政府在分配土地资源时受到的约束比较少，出于招商引资、做大GDP"蛋糕"等方面考虑，地方政府有时以极为低廉的价格更多地出让工业用地，住宅和商业用地、公共用地比例在整个土地使用中所占比例过低，造成了资源配置的不合理和公共福利水平的低下。从国际比较来看，即便是北京、上海这些中国最发达的城市，其土地利用效率与发达国家的城市相比，仍有较大差

---

① 刘彦随. 新型城镇化待解土地难题[N]. 光明日报，2013-10-17（14）.

距。[①] 2013年10月29日，在中央政治局为加快推进住房保障体系和供应体系建设的第十次集体学习时，清华大学土木水利学院教授刘洪玉认为，当前很多城市或者区域住房供应和需求严重不匹配，高价地与"鬼城"、空城共存。这事实上也反映了我国土地资源配置利用效率的低下。

（三）需要加以辨析的几个问题

很多人对与模糊的土地产权有关的一些问题经常认识不清，往往会产生很多实际问题。这里，我们简要辨析以下几个问题，希望能抛砖引玉，引起读者更多思考。

（1）大量圈地、农田占而不用、炒买炒卖土地、征地补偿不到位等问题，究竟是什么原因造成的？目前许多学者提出要对耕地实行最严格的保护制度，而实施者就是政府的有关部门。似乎是政府管理不力造成了目前的土地问题。其实，这是有失偏颇的。现代西方经济学认为，当一种稀缺资源的产权约束不明，他人可以很容易得到，并且价格很低时，这种资源的转让、使用将会处于极大的浪费之中。在当前中国广大农村，农民基本上没有地权，农民对土地没有发言权、控制权、处置权和收益权，而集体又往往是一种虚无的组织。无论是作为一级政府的乡镇，还是作为农村基层群众自治组织的村民委员会，都很难成为真正意义上的民事权利主体。

---

① 巴曙松. 低成本的土地城镇化不可持续[N]. 人民日报，2013-10-15（20）.

在农村社会成员必然变化（如生老病死）和必然流动（如异地嫁娶），以及近些年随着农民外出长年打工等造成的人口流动性增强的情况下，集体土地产权如何在"集体"中的每个人那里得以体现和受到保护，成为一个十分突出的问题。[①] 试想，如果农民对土地的所有权很明确，用地者能从农村轻易获得土地吗？因此，从根本上解决目前诸多土地问题的关键在于明晰农民的土地财产权利。

（2）市场经济体制下，劳动力、资金、技术等要素的配置由市场横向分散调节，而土地要素能通过集权纵向集中管理来实现合理配置吗？从经济学的角度讲，一个国家如果实行市场经济体制，不可能劳动力、资金、技术等要素由市场来横向分散配置，而土地要素则由政府集权纵向集中配置。否则，容易导致诸多问题，尤其是高度集中的土地资源分配模式与不断变化的市场对土地资源配置的需求不相适应。因为中央集权机关并不了解土地资源的分配结构如何确定是最优的，也不会科学预测未来土地需求的结构，并且用地计划的调整赶不上经济结构的频繁变动。最终可能会形成这样的局面，即企业其他的要素随时可以从市场上获得，但是土地要素的获得则要层层上报，层层审批，再层层批复，周期可能需要几个月甚至一两年。这会给厂商造成巨大的损失。因此，在市场经济条件下，配置土地资源基础性的机制仍然是市场。

---

① 贾康，苏京春. 新供给经济学[M]. 太原：山西经济出版社，2015：187.

（3）以土地产权明晰和市场配置为基础的土地制度，会增加用地成本，进而影响招商引资和经济发展吗？有的学者认为，如果加大农民的地权，由市场来调节地价，农民可能会漫天要价，加大经济建设的成本，并且延长谈判的时间，影响招商引资，进而严重影响经济发展的速度。其实，产权和市场会找到解决这些问题的办法，即在土地产权明晰的前提下，由用地者和有地者进行谈判。如果用地者有雄厚的资金实力，他就会购买土地。如果用地者当时资金实力有限，但项目未来收益很好，则会和有地者进行谈判，或者租用土地，租地者付租金，有地者得到租金；或者让有地者以土地入股，有地者与用地者共担风险，并进行利润的分红。这样，如果一个项目的投资，有土地资金规模障碍时，可以用租地和入股的方式加以解决。因此，实际上明晰农民的地权，实行土地的农民"永佃制"，更能维护农民的利益，而且出租和入股等方式，可以使用地者、农民和地方政府实现共赢，同时不影响经济的健康和快速发展。

第四章

中国土地住宅体制改革的方案设计

　　本章所设计的土地住宅体制改革方案的原则和目的是：①贯彻落实党的十八届三中、四中、五中全会精神和习近平总书记系列重要讲话精神，形成一个超越部门和特殊群体利益，契合市场化、城市化发展实际，为未来经济社会发展奠定较为稳定的制度基础。②既坚持中国社会主义市场经济基本制度，又能实现公有制的土地与市场经济的对接和融合，能运转自如，其关键是设计和安排土地永续使用的产权制度。③在土地和住宅等资源的分配过程中，既应当提高效率，又需要避免收入和财富的两极分化，力求实现共同富裕。④调动社会和城乡居民自身的力量和能动性，多渠道供应住宅，既能有效地实现城乡居民的住房梦，又防止背上沉重的债务，

跌入福利社会的陷阱。⑤坚持和完善农村基本经营制度，坚持农村土地集体所有，坚持家庭经营基础性地位，坚持稳定土地承包关系，设计并推动财产使用权确权到户、承包权和经营权分置并行、股份合作制等改革。⑥将土地财政从收取土地出让金转变到征税，这是一个关键的改革部位，本方案既考虑了坚决向现代体制迈进，又顾及城乡居民的承受能力，设计了一个妥协的区分住宅资产功能、消费性房产征税低起步和分4年到位的能为城乡居民接受的方案。⑦按现有的房地产资产总量和交易的征税计算，完全可以将土地财政从收取出让金改革为征收房地产税和房地产交易税，主导形成一个稳定和可持续的现代市县级地方财政。

一、看清目前土地住宅体制弊病的症结

十八届三中全会通过的《中共中央关于全面深化改革若干重大问题的决定》（以下简称《决定》）提出市场在资源配置中起决定性作用。产权是市场配置资源的契约基础，健全的产权制度供给需要政府发挥积极作用，以弥补市场失灵。但从现行的土地和住宅体制看，还存在相当大的差距。

（一）程度不同的土地住宅产权不清和混杂

产权是市场经济运行的基础，而归属清晰、权责明确的土地住宅产权安排则是土地和房屋资源按照市场经济运行规律进行配置的关键。但是，目前中国的城乡土地和住宅，不论是农村和城郊的集

体土地，还是城镇的国有土地，都存在着严重的产权模糊问题。

1.农村和城郊集体土地产权虚化

从城乡土地关系看，农村集体耕地、林地、宅地产权不清，有以下六个问题：

（1）土地所有者主体及责任与自治性质的村民委员会组织职能之间的矛盾。村民委员会，是经村民选举、民政部门认定的群众性自治组织，它不是有经营权、核算权、收益权、负债权的负有限责任的企业法人，不是有税收权、支出权和负债权的政府法人，也不是有资产经营管理权和债务偿还责任的社团和事业法人。因此，如果集体土地平等进入市场，由谁作为土地所有权或者使用权交易、出租、入股、抵押、出让等的法律主体？该主体在入股和抵押破产清算中，是负所有权完全被转移的清偿责任，还是负部分使用权被转移的责任，或者是负一定时间的使用权被转移的清偿责任？

（2）从长期看，许多集体土地所有者——村民委员会——必然消亡，从而产生未来集体土地所有者缺位问题。从长期来看，由于人口的城市化、青年人的迁移及驻村老年人的逐步减少和去世，有些行政村和自然村可能逐渐消失，那么以一定规模人口为基础的社会组织——村民委员会，也就失去存在的基础。如果一块集体土地的出让期为40年，其所有者又消失了，如何收回及再出让？

（3）集体土地产权中，行政村与自然村天赋资源利益差别的矛盾。目前行政村与自然村（村民小组）的架构是从过去人民公社

大队与生产队继承转变过来的。曾经的经济核算是以生产队为基础，从而许多地方的土地承包是以村民小组为范围进行分配的。一个行政村中，土地旱水、坡平、近远、好劣等，有很大的差别。如果集体土地的内部分配、出让、入股、出租和抵押等以行政村为基础，将会形成行政村与村民小组利益的严重冲突。

（4）集体土地长久使用权的继承权不明确。一是耕地长久使用权能否继承不明确。十八届三中全会《决定》提出，稳定农村土地承包关系并保持长久不变，在坚持和完善最严格的耕地保护制度的前提下，赋予农民对承包地占有、使用、收益、流转及承包经营权抵押、担保权能，允许农民以承包经营权入股发展农业产业化经营。这里我们看到，尽管耕地可长久使用，但没有规定继承权。留下的问题是，承包人去世后，会不会收回使用权而不允许其亲属继承？二是集体林地使用权是有限期限，还是长期使用？能否法定继承？林地占村民使用的集体土地的很大比例，但对林地的使用期限，《决定》中没有加以明确。三是《决定》提出要保障农户宅基地的用益物权。这句话看国土部门如何理解，如果与我国《物权法》衔接，则可法定继承；如果国土部门的配套改革方案不这样理解，或者没有统筹起来考虑，则没有继承权。

（5）农民的耕地、林地、宅地，许多没有确权发证，农村土地资源实际上无法由市场进行配置。市场经济配置耕地、林地、宅地资源的基础是产权，产权的标志是不动产认定后所发的财产权证，一切由市场配置的出租、流转、入股、抵押、继承等行为，都规定在这张证明资产的契约之中。没有财产权证，根本就无法进行法律意义上的相关双方及多方间的经济行为，农村土地资源的市场配置，也就成了一句空话。

（6）实际的集体土地产权运作中，因为还有党支部，许多行政村，要么党支部书记和村委会主任行使所有权，私自出租甚至出售土地，谋取个人和小团体利益；要么成为县乡政府的延伸机构，执行上级部门旨意，强制征用和征收土地和住宅。

2. 城镇国有住宅产权年期和混乱问题

城镇土地和住宅资产也存在着一定程度和一定范围的产权不清，甚至存在未经认证的产权。其主要问题有：

（1）有限使用年期产权与市场运行的矛盾及其隐患。与农户承包的耕地和村民宅地的区别是，城镇商品住宅和工商用地为国有土地，由政府有关部门向自然人和法人发放财产使用权证，但不是长期使用产权，而是有限使用年期产权，如50～70年不等。目前的有限使用年期产权在实际运行中遇到不少问题。典型的如以房养老，有50年期限财产使用权的住宅，使用了40年，剩余10年财产使用权，抵押给银行养老，银行对其评估多少价值呢？如果财产使用权已经到期，人还没有去世，银行发不发养老金呢？如果人去世了，银行拍卖房屋，以收回本息，或者平衡抵押贷款债券化，就剩5年财产使用权，或者使用权已经到期，怎么向市场拍卖呢？国务院关于以房养老方案出台后，有关部门出来解答，说由《物权法》协调。但是，规定国有土地使用期限的法律和部门，是认定和确权

不动产的法律和部门，而《物权法》则是法院用来调节财产支配关系的裁定法，不是认定和确权不动产发证的法律，法院也不是不动产权利的发证机关。如此一来，如土地和住宅等有限使用年期财产权抵押、入股、买卖、出租等，都有一个市场连续运行与土地使用年期权断裂的冲突；在私人住宅、企业房地、自然人股权等财产继承上，《土地管理法》与《物权法》之间显然也不协调。

（2）城镇许多土地和住宅产权有多部门和多层级的产权认定，还有相当多的不动产没有得到产权认证。一是多部门多头管理。一般产权由两个部门认定，分别出具"房屋所有权证"和"土地使用权证"，对于住宅，也有一些地方由房屋管理部门和土地管理部门统一出具"房地产权证"，此外还有相当比例的由军方有关部门颁发产权的军产房。二是产权管理层级混乱。一些集体建设用地上的住宅、厂房、商地等，则由层级不同的建设、国土部门发放集体属性的产权证，有的房屋是乡政府直接发放的产权证，称之为有证的"小产权房"。三是没有产权认证。因各种原因，至今还没有产权认证的城镇国有土地住宅，有相当大的规模。比如笔者目前居住的住宅，可能是土地征用等方面的问题，到现在也没有拿到房产管理和国土部门颁发的产权证书。另外，目前看来一些在集体土地上建设的已经长期占有使用的，根本不可能拆除的厂房和住宅，更是没有产权注册登记证明。

（3）城镇住宅，还留有一部分私有的产权。我们在调研中发现，在社会主义改造过程中，保留了一些城市私有住房，除了自己居住外，还可以有一部分用来出租。另外，一些藏区的城镇中，住宅土地没有进行社会主义改造。"文革"中，虽然一些私有住宅受到冲击，也有一些党委和政府发布了关于住宅公有和禁止出租的文件，但这些文件不具备后来修改和颁布的新宪法和法律方面的依据。1982年修宪，只是规定城镇土地国有，但是在《宪法》中，包括后来的《土地管理法》中，也没有对原有私有住宅和土地规定其所有权属，特别对是否废除原有的房屋产权证等事项，没有明确的条文说明。这就造成一系列产权认定、征地拆迁、继承纠纷等方面的矛盾和问题。

（二）城乡分割和政府主导的土地住宅分配

我们曾经认为土地等自然资源没有价值，不是商品，将土地作为无偿资源进行划拨分配。在城乡土地分配上，《宪法》虽然规定，只有公共利益需要时，才能征用农村和城郊集体土地，但《土地管理法》却规定，除了农村宅基地及其他农村建设用地，所有建设用地，是集体土地的需要先征收为国有，加上原有国有土地再分配，且都由政府进行分配。

1. 城乡二元：政府计划垄断分配主导

从建设用地分配看：

（1）中央政府计划分配土地资源，地方政府千方百计扩大用地来源。国家高度集中土地资源的配置和管理权力。国土部门每年

规划建设用地总量，向各地下达建设用地指标；一定限额以上的建设用地，须经国务院批准。如《土地管理法》第四十五条明确规定，征收下列土地的，由国务院批准：基本农田；基本农田以外的耕地超过三十五公顷的；其他土地超过七十公顷的。此三款规定以外的土地，由省、自治区、直辖市人民政府批准，并报国务院备案。而各地除了国土部门下达的建设用地指标外，不足的部分，往往通过村庄整治、改造未利用的可用土地，增减挂钩、占补平衡的途径，以及填海造地，甚至先租后征等多种办法，增加可分配建设用地资源。

（2）市场城乡二元分割，城市土地为行政寡头垄断型市场分配，农村除了被限制和发育不充分的耕地流转和隐性的宅地买卖等配置外，几乎没有耕地、林地、宅地的市场分配方式。城市用地，先是全部无偿或者以成本价划拨，后是对非公益用地有偿协议出让，再后来是由政府行政寡头垄断进行招拍挂出让，一家卖地，千家竞价，价高者得，一次性收取50年或70年出让金。

（3）经营城市、招商引资、土地财政和寡头出让，形成了持续推高商住房地价，及相对压低工厂等地价的体制和机制。许多地方储备建设用地，炒高房价，以按土地一定溢价率确定的标底价挂拍，期望出让价高于标底价；如果最后报价低于标底价，则以流拍为由，拒绝低价出让。对能增加当地GDP和有税收贡献的招商引资企业，虽然也进行招拍挂，但通过压低标底价、设定竞标资格、减少竞标企业、先征后返（地方税收部分）等方式，低价格出让。

（4）政府的用地管制缺失和混乱。土地资源的分配有其特殊性，需要规划和用途管制。土地资源的配置完全任由市场自动调节，则会导致各类建设的功能和布局混乱。目前的问题是：用地规划由发改、国土、建设、交通、环境等部门分头进行，各规划间不相协调甚至互相冲突；规划重城市、轻农村，城郊没有预先进行，许多地方农村（包括一些城郊地带）的住宅用地、公益用地和集体企业用地等甚至没有规划，乱占乱建问题非常严重；规划实施不严肃，一届地方领导一个建设想法，使得规划变动频繁，拆了建，建了又拆，形成恶性循环。

2. 住宅分配混乱及政府的强势影响

（1）城镇住宅用地分配比例过低以及政府和房地产商囤积土地"饥饿出售"，推动房价持续上涨。除了上述政府行政寡头垄断出让分配外，有时中央和地方两级政府对住宅用地的分配比例过小，特别是地方政府出于土地财政考虑，用囤积土地、饥饿供给法拉涨地价；大地产商购买土地后二级囤积，等到房价上涨后，再建设出售，获得较高利润。特别需要指出的是，在调控房价时，控制土地向住房建设分配、控制住宅生产建设方信贷的措施，往往形成下一轮房价的暴涨。

（2）城镇"饥饿供给土地—地房涨价—吸引房屋投机—地房再涨价—饥饿供给土地"，形成恶性循环。由于饥饿供地和土地财

政推动房价上涨过快，城镇住宅成为增值最快的资产，加之又没有房产税增加持有成本予以抑制，使得商品房成为投机的盛宴，进一步导致房价上涨。

（3）政府参与和主导城镇土地分配力量太强并导致混乱；住宅供给分配不公平，居民间因住宅分配方式和时间不同，财富两极分化越来越严重；"小产权房"虽然违规，但在满足城乡居民巨大居住需求方面，功不可没；保障房分配腐败难绝，质量较差，财政恐难以承受。

从住宅结构看，目前我国存在房改房、商品房、各类"小产权房"、经济适用房和廉租房等。

拥有房改房的居民受益最大。房改房部分，由于获得非常便宜，当房价轮番上涨后，相当于对长期低工资的一种补偿，成为相当多居民积累的财富。

商品房购买者从财富积累者逐步变成受地方财政出让金税费和银行贷款利息等盘剥的房奴。商品房方式的分配，居民越是较早购买，由于土地是协议出让，或者地价还较低，价格越低，涨价形成的财富越多；越是较晚购买，由于出让金税费的增多，以及高额的银行贷款利率，财产收益和财富积累效应越差，甚至成为不堪承担的负资产。这种压力和恐慌，转化为众多已获得房屋居民盼房价持续上涨的强烈愿望。

各类"小产权房"，如农民在集体土地上建设的，部队在军地上建设的，有的工厂和企业在工厂与其他类型用地上建设的等，估计有70多亿平方米，占整个住宅存量的1/3。从用途管制上讲，许多不符合规划；从住房上看，既有一部分投机者和高收入者购买，也有相当多的低收入居民居住。但客观评价，"小产权房"对平抑房价、保障居住功不可没。

政府也建设经济适用房、廉租房等，希望保障更多居民实现居者有其屋。但由于是政府主导分配，存在程度不同的价差，寻租空间大，腐败滋生；政府建盖此类房，资金少，加上诸多原因，导致工程质量较差；有时让房产商获得土地时，要求配建，既导致配建部分质量低下，又使其价格损失加在商品房的售价之中，抬高房价；中央政府对廉租房转移支付较少，地方政府财政紧张，银行又不愿意将资金用于低收益和低质量资产信贷，地方政府要么通过各种方式欺骗中央，要么背上沉重的债务和管理负担。

（4）农村宅地及住宅分配方面的问题。农村土地尽管由农民集体所有，但是其宅基地的分配，并不是村民内部协商后村里就可以决定的；向申请村民分配宅基地，还是由政府行政审批，属于无偿分配，申请建设住宅的村民并不需要向村集体缴纳获得土地的费用。

村集体中的宅基地分配是按照村民因婚等分户需要、村民申请、政府审批，后来又加村务公开公示等程序进行的。在政府管理不严格的时期和地方，村民也会在承包耕地、林地中，在荒坡边角等盖房，大部分形成事实上的占有。

与城镇住宅产权不同的是，农村宅基地可以永续使用、实际继承；但按照目前的法律法规，还不能抵押、入股、交易，许多没有产权证书。而在城镇国有土地上建设的住宅，则最长使用期不超过70年，按照《土地管理法》不能永续使用，但可以抵押、入股、出租、交易和在有限时间内继承，如无特殊原因，均颁发70年以内的有限产权证书。根据法院可以依据的裁定法——《物权法》，到期后可自动接续。但是，此规定没有产权认定法——《土地管理法》认定意义上的产权，即法院的裁定不可能得到产权认定部门的产权证书。

由于农村人口的迁移流动，特别是建设用地的紧张，许多地方政府开始进行村庄整治，农民集中居住上楼，以腾出更多的建设用地指标。这实际上是城镇化过程中农民居住和生活方式的一种转变。但是，从农民的利益来看，由于没有等市价交易，政府在拆迁征用宅基地后，有非常大的利益空间，这部分利益本来有相当部分是属于农民的。从产权来看，如果还是在集体土地上建设的住宅楼，农民仍然有永续使用权，但没有可上市交易的国有产权证书；如果是在征用为国有的土地上所建，按照《土地管理法》，则只有有限使用年期产权。

二、维持现状：会面临什么样的经济和社会风险

上述现行土地和住宅体制，如果不按照市场经济的运行要求，以及政府正确弥补市场失灵的定位，加以改革和理顺，积累下去，未来我们将面临巨大的经济和社会风险。

（一）强征强拆与社会的不稳定

一些地方党委、政府和官员已经被房地产利益绑架。在房价轮番上涨带来的暴利面前，相当多地方官员的一切工作几乎都围绕房地产转，整天挂在心上的是哪里的地皮可供开发、财政能增加多少、自己能捞多少政治资本，甚至自己和家人亲属朋友能捞多少实利，招商引资也被异化为招房地产商来开发本地的房地产事业。如果地皮不够用，就以"旧城改造"、城中村整治等名义强征强拆、强买强卖。有的地方官员大搞官商勾结，干脆找自己熟悉的人在外地注册房地产公司，回来搞开发投资赚大钱。

强征强拆严重影响党委、政府的威信和公信力。为达到强征强拆的目的，有的地方政府动用手中权力，不惜使用警力，大搞野蛮拆迁。比如，有的采取停水、停电、阻断交通等手段逼迫搬迁，甚至采取"株连式拆迁"和"突击拆迁"等违法方式强迁。有的以停薪、停职、停养老金等来要挟强拆，如果拆迁户是干部身份的，还以检察院介入查经济账的方式来要挟，不是干部身份的，让公安局查以前的案底。更有甚者，有的政府地方官员与不法商人、黑社会勾结，让黑社会以房地产开发公司、拆迁公司的名义插手强征强拆。

群众以极端的方式对抗强征强拆，维护自身权益，导致社会失序和不稳定。多年来，我国群众信访事件中的相当大一部分是与土地征收、征用房屋、拆迁等问题有关，有的地区甚至占到信访事件

总数的80%。有的被拆迁居民在维权路上碰壁后，还采取了更为极端的方式，如自杀、暴力抗拒等。如果不从土地和住宅体制中深挖原因，不找到问题症结所在，则长此以往，因房地征拆而引发的社会问题，势必愈演愈烈，将严重威胁整个社会的和谐稳定。

（二）房价持续走高，泡沫可能随时破裂

普通城乡居民已经失去了依靠自己收入购买住宅的能力。世界银行认为，房价收入比在4~6倍为合理区间。超过6倍，如果没有父母等外部资金的支援，家庭财务会破产。上海易居房地产研究院的数据显示，从中国房价收入比看，2008年6.9，2009年8.1，2010年7.8，2011年7.5，2012年7.3，2013年7.3。横向比较，不同地区、不同城市之间的房价收入比存在较大差距。[①] 我们测算，进入城镇农民的房价收入比，在11.5倍左右，而在北、上、广、深、杭等大城市中，房价收入比则为40~60倍。这说明，全国一般的城镇居民，如果没有外援，基本上买不起住宅。而进入城市的新移民人口，则更是买房无望。关键是，土地财政和政府主导的市场，已经成为地价房价持续轮番上涨强有力的推动机制。这已经不能简单地看成是经济上的麻烦，而是一个涉及社会安定的政治问题了。

虚高的房价随时面临着泡沫破裂和金融动荡的风险。未来随着

---

① 冯蕾. 房价收入比多少合理[N]. 光明日报. 2015-07-16（15）.

城镇原住民老龄人口过世增多、原住居民房户比上升、反腐深入、房产税开征、农村新进城居民没有能力购买高价房等因素叠加，房地产市场价格也存在大跌的风险，在以前的虚高价格水平上，与银行形成的借贷抵押、上市房地产企业及与其相关上市（钢铁、水泥等）企业股票价格等形成的关系可能失去平衡，引发系统性的金融危机。最近获得诺贝尔经济学奖的席勒直言中国房地产存在泡沫，特别是上海、深圳等地房地产泡沫严重，如果和美国一样泡沫破裂的话，将会对中国经济造成打击。[①]

（三）形成新的财产和贫富的两极分化

土地与住宅制度是过去和目前城乡差距较大的一个深层次原因。从改革开放以来的这么多年看，我们大约征用了1亿亩农村和城郊集体土地，用于城镇、交通、水利和工矿等建设，按照每亩30万元人民币计算，其价值也达30万亿元之巨，但其中农民获得的利益估计也就5 000亿元左右。原因在于，不允许农村土地直接进入建设交易市场，而是从农民手中很便宜地强制征用，再高价倒卖给用地商，土地资产及其绝大部分收益变成了城市的高楼、马路和工厂等，而农村农民，包括进城的农民，没有得到土地资产在城市化过程中衍生的利益，只能居住望楼兴叹，子女望校兴叹，生病望医

---

① 李媛，李蕾. 诺贝尔经济学奖得主直言中国房地产泡沫严重 必须警惕[N]. 新京报. 2013-10-15（B04）.

兴叹，就业望业兴叹，生计望富兴叹。

日、韩及中国台湾地区农民向城市转移时，其耕地、林地、宅基地可以买卖，政府从中也收税，但有一大部分留给了农民，用于创业或到城市中购买住宅。中国台湾地区在20世纪80年代时，城市化水平达到60%，85%的城市居民在城市中有自己的住房。同时，对于在土地交易中获利过多的，也通过累进的交易税和所得税进行调节，防止因卖地而一夜暴富。

未来我国城镇中可能形成2亿左右人口的房主和7亿以上人口的租户这样两个贫富两极分化的阶层。由于不允许贫民窟存在，而城镇中的房价太高，目前转移进入城镇的3.1亿左右农民人口，绝大部分租住在城镇和城郊居民——房主（目前1亿～2亿人口）的房子里，以及工棚、招待所、地下室等之中。他们辛勤劳动所得工薪的30%，甚至40%以上（在房租不断上涨的情况下）要支付房租，形成辛勤工作或者做小生意，但相当多收入要支付房租的（房客、租户）阶层。随着城镇化的进一步推进，到城镇化水平达到80%时，还要从农村转移入3.5亿～4.5亿新市民人口，形成7亿以上人口的租户阶层。而城镇居民，由于不收取房产税，对多套住房也不课以重税，其中一部分城镇居民因原来单位的福利性住房改革、依独生子女政策继承双方或者多方房产、高收入人群购置多套房产留给子女、房屋拆迁补偿以中心少换边远多等因素，加上投机购买等，出租房屋成为其重要收入来源。如果不进行改革，这部分房主阶层人口数量可能在2亿左右。

（四）未来社会、经济和财政断崖

土地40～70年不等的出让期，以及随着城市化进程趋于完成，土地出让面积锐减，整个经济社会潜伏着居民居住断崖、企业经营断崖和地方财政断崖的风险。

城镇居民居住产权及使用方面面临断崖。城镇居民住宅40～70年不等的使用年期，按照目前的《土地管理法》及其实施细则，到期后需要重新申请批准，并且重新缴纳出让金后，才能接续使用产权，才能继续居住，否则，包括地面建筑都要无偿收回。这将引起退休、失业、低收入和一般工薪阶层居民的强烈反对，并且土地价格是逐年上升的，到期后许多居民可能将购买不起已居住房屋的接续使用产权。如果强制执行法律，将会导致社会动荡。

企业面临土地使用权到期后的经营断崖。直到现在，还没有学者注意，企业经营用地，按照出让年份的出让价格摊销成本，50年后到期，如果工业用地为每亩10万元，则到期提取相同值的重置成本。而那时的地价有可能上涨到每亩100万元，甚至500万元，实际上不可能按照提取资金重置。特别是近10多年出让的土地建设了大量企业，几乎是在同一阶段内集中到期，如果政府也是到期后按照那时的价格索取出让金，则将会引起大规模的企业倒闭潮，还会产生抵押债券、股票等一系列的波动，导致金融坏账增加和经济衰退。

土地财政不稳定和未来的财政断崖。目前40～70年土地出让金一次性批租收取的地方财政，一是有的年份和有的地方收得多，有的年份和有的地方可能收得少，土地出让收入在年度之间多少会有些不均衡；二是有的城市已经无地可卖，没有可持续的土地出让金收入流；三是城市化进程总有完结的时候，大规模卖地总有结束的一天，到时土地出让金式的地方财政来源无疑会枯竭，为我们的下一代或者下两代，制造了财政断崖隐患，地方财政届时很可能将会集体集中破产。

（五）弱势农业与粮食安全受到影响

农业长期不能规模化和现代化，并形成耕地的大规模撂荒，影响中国的粮食安全。从中国和一些国家的比较看，虽然改革开放以来转移了大量的农业人口和劳动力，但是，从事农业的劳动力仍然太多，劳动生产率特别低。估计目前全国有20亿亩左右农业用地，大概有1/3的就业人员，也就是25 817万人从事农业。而美国农业用地面积略多于中国，但1.4亿就业人口中，只有2%左右，即不超过300万人从事农业。农业用地面积大体相同，但中国投入农业的劳动力，是美国的86倍！中国2亿左右农村家庭，每户经营的土地平均不到10亩，也远低于日、韩和中国台湾地区30～50亩的水平。而且，在承包耕地时，根据远近、坡平、水旱、差好等因素分配，又导致规模本来就很小的家庭经营的农田碎片化。其结果就是农业不能规模化经营，不能深化专业分工，相对于国外农业，产业竞争力很弱。

需要清醒地看到，中国农业将经历一个阵痛期：45～75岁这个年龄段种地养畜的农民，随着丧失劳动能力和去世的自然规律，将会越来越少；而18岁以下这个年龄段的农村人口，随着城市化的推进，大多要离开农村和农业。由于农业收益低、劳动力的减员及新生代劳动力的转移，空心村将大量出现，从事小规模农业的劳动力将大幅度减少。我们估计，到2035年时，从事农业的劳动力比例可能下降到5%以下，规模在3 500万人左右，仍然是美国的近12倍。在这样一种趋势下，农业土地必须流转，逐步集中，使农业规模化和现代化经营具备基础条件。而产权不清，就难以按照市场规则优化配置耕地等资源。还有一个已经存在、以后会大规模出现的问题是，农田大规模撂荒。撂荒的原因，一是45～75岁的中老年人，向城市转移的能力差，有劳动习惯，从事特小规模农业，虽然收入微薄，但不愿意流转和放弃土地；二是对租入耕地的种植大户和农业企业来说，一家一户谈判成本很高，整齐划一谈判成功的可能很小；三是出租者看规模经营者的效益增加，也会每年增加租金，使租入者无利可图，放弃租入耕地。其中深层次的原因在于：产权不清，土地不能稳定和可靠地进行流转和并归；退出农业和放弃耕地的农民，其财产性收入也大打折扣。所有这些都阻碍了耕地的集中和规模化、现代化经营。

（六）未来经济社会的福利与债务陷阱

一个社会财富分配要适当公平，而住宅是居民财产中比重相当

大的部分。从总体上讲，中国人深受传统文化影响，有房有地曾是许多人一生的向往。今天，拥有属于自己产权的房屋，不寄租于别人篱下，仍是绝大多数居民追求的梦想。民有其屋，而不能只是民有其住。基于这样的考虑，未来城镇中，租住比例为15%～20%比较合适，且其中大部分应当由市场提供，政府提供的保障房在3%～5%为宜。

中国目前义务教育的年限只有9年，到初中毕业为止，高中等教育基本不免费或政府资助较少。由于从20世纪90年代中期才开始提取养老和医疗等社会保障基金，加之中青年人口比例迅速下降，而老年人口迅速增长，未来养老和医疗基金将存在巨额缺口。

从社会福利战略上讲，如果不能谋求一个合理的房价收入比，使房价的上涨速度低于居民收入增长的速度，并且通过多种渠道加大住宅供给，让绝大部分居民自己购买、建设及租住得起房屋，就会在教育、养老、医疗等之外，再加上住宅福利这样一个巨大的负担。假如我们真的没有办法，最终可能会形成7亿新进入市民租住在2亿原住民住宅中的局面。毫无疑问，这会形成两个阶级。而如果我们不想形成贫富的社会两极化，7亿人的住宅全由政府保障，就按人均20平方米的建筑面积计算，政府也需要建设140亿平方米住宅，住宅建设加上配套，需要10万亿～15万亿元的初始投资。每年还要支付财务利息、运营费用、管理费、设施维护费、低收入者租金补贴等，需要2万亿～3万亿元。这样巨大规模的住宅福利，在世界上也是罕见的。届时，财政将比今天的美国压力大得多。

从总体上看，改革开放以来，土地和住宅体制虽已转型37年之久，但是我们忽视了产权是市场经济运行的基础这样一个不可抗拒的规则，没有找到一个既符合社会主义基本经济制度要求，满足城乡居民的财富和住宅较为公平分配的共同富裕原则，又能使其体制在市场经济框架内有效接轨和运转，并且不至于造成或者两极分化，或者福利过度和财政破产的模式。问题的根源在于，我们始终没有下决心厘清土地和住宅经济运行的产权体制，没有建立，也不可能很好地建立一个城乡统一的符合市场调节要求的土地和住宅市场，并且对规划和用途管制等市场失灵需要政府调节的领域，体制也混乱不堪、监管不力。这导致土地和住宅领域中，问题不断、积怨成堆，这些问题成为改革最艰难和最需要攻克的一个险滩。

三、改革的目标和方向

改革，实际上就是你想要什么、顺什么样的方向改。我们到底要建立一种什么样的土地和住宅体制，到底要达到什么样的目的？并且，在改革中，我们在一些重大的原则和战略上，应选择什么样的方向？这是在设计改革方案前需要考虑清楚的重大问题。

（一）改革的目标

我们为什么要改革目前的土地和住宅体制，也即改革的目的是什么？概括来说，主要有以下几点：

　　一是土地资源得到优化再配置，提高宝贵土地资源利用效率，在农村使土地的资源配置适应农业的专业化、规模化和现代化，使农村土地在耕地、林地、村庄、交通和水利之间进行合理的配置，保证中国的粮食安全，满足农村生产生活、水利和生态等需要。

　　二是实现中国城乡居民的住房梦，特别是城市化过程中在城镇中的住房梦。具体体现为，房价收入比趋于合理，不仅城镇大部分工薪阶层能买得起住房，还要让从农村进入城市的大部分新市民也能通过自己的财产性收益和创业就业收入，在城镇中购买得起自己的住宅；让城乡居民收入提高快一些，让房价涨得慢一些，或者稳住房价，也不排除在一些时段和一些地区让房价下降，使城乡居民不要过度依赖政府保障房，避免政府陷入财政和债务危机，进而跌入福利陷阱。

　　三是坚持社会主义共同富裕道路，避免城乡居民，特别是城镇居民财富的两极分化。未来两极分化最大风险，最主要的还不是收入的阶层之间不平衡，而是以住宅为主的财富在居民之间分配的差距：一方面，会使得有多套房和豪宅的居民随房价上涨而财富增加，并获得出租的食利收入等，富者越富；另一方面，房价上涨，向房主交租金，则增加城镇房奴和租户，穷者越穷。土地和住宅体制改革，最为重要的一个目的，就是理顺房屋等财产分配和积累的体制机制，坚决不能让这种两极分化的格局形成。

　　四是建立一个稳定和现代的市县地方财政基础。从各国财政体制的比较来看，许多国家市县一级财政收入的主要税种是房地产税，占这一级财政收入的60%。其原理是，地方政府要为在当地生活和工作的居民提供公共服务，服务要有财力来源，按照责任义务与享受服务对等的原则，收取房地产税。房地产税的特征：①稳定性。一般一个区域或者一个城市中的住户虽然有数量上的变化，但是，除非战争逃亡等原因，与土地出让金相比，不会大起大落、暴增暴跌，其税基相对稳定。②可持续性。房地产税以房地不动产为征税对象，除非发生地震、灾害和战争等导致房屋大规模被摧毁，只要不动产不灭失，就可以持续收税。而土地出让金，则存在城市规模有限、行政区域被包在城市中间而无出让土地、城市化结束等原因可能导致的土地财政终结的问题。因此，房地产税是可持续的，而土地出让金则不可持续，会断裂。

五是坚持土地改革的社会主义方向，降低制度交易成本，并有利于土地用途的规划管制。①土地体制改革，要坚持社会主义基本经济制度。社会主义市场经济，以公有制为主体和多种所有制共同发展，是我们所选择的基本经济制度。一方面，土地公有符合这种基本经济制度的要求；另一方面，我们也需要土地永续使用这样的产权规定来遵循市场经济运行的要求。②土地体制，应当减少交易成本。将集体资产确权到户，明晰产权，以减少土地交易的中间成本。③土地体制要有利于土地用途的管制。土地与一般的可流动资源不一样，因为它是固定和不可再生的，因此，需要对其用途进行

合理规划。也就是说，棉花和服装等这样的资源和产品，可以完全放开由市场去决定和调节，而土地资源的分配则不能。否则，城市空间和功能区划会极度混乱，大量生态用地和耕地会被侵占，反而会造成土地利用的无序和极大浪费。

（二）土地私有化方向不可取

有的专家和学者从强化市场的资源配置作用、提高经济发展效率的角度认为，应以土地私有化为方向，对农村土地集体所有制进行改革。我们认为，这是不能选择的方向。①中国的基本经济制度是以公有制为主体，土地是基础性的生产资料，是关系国家安全和国民经济命脉的重要战略资源，更应当选择公有制。实际上，就是资本主义国家，许多国家也有国家所有的土地：在以色列，公有土地占据主导地位，新加坡的大部分土地资源为国有；在加拿大，联邦和省级政府公有的土地共占国土面积的90%，私人所有的土地只占国土面积的10%；在美国，共有40%多的土地属于联邦政府所有和州及地方政府所有。②城乡土地私有化的所有权追溯及延续关系非常复杂，改革的成本很高，并且易发生社会的不稳定。私有化如何进行呢？确认土改以前的私有化格局，是从土改算起，从1978年算起，还是在目前的时点上私有化？不同时段上的私有化，其土地财产的继承权追溯如何处理？从现在开始私有化，分得土地的人口怎样确定，已经在城市中上学就业的人口算不算？这里存在一系列问题难以解决，实际上将会导致一场社会混乱。③土地私有化，不利于国家对土地用途的规划，也影响国家的基础和经济项目建设。私有土地所有者，有时往往不按照国家土地利用功能规划、土地用途规划和土地建设规划，基于自己利益的最大化，私自改变用途进行建设，导致土地利用混乱、不合理和总体效率下降。特别是遇到顽强的钉子户，将造成国家利益的巨大损失，譬如日本成田机场的建设，就是很好的例子。[①]

（三）选择土地集体所有制不变、财产使用权确权到户的改革方向

借鉴目前英国、以色列、新加坡等国家以及中国香港地区的做法，就是维持土地集体所有制不变，农民享有相对稳定而持久的土地使用权。同时，有学者还建议把土地承包经营权与城市土地使用权制度统一为土地使用权体系，真正实现城乡土地产权制度一体化。

一是这种改革取向能够满足各方的利益诉求。改革实际上是使虚化的集体产权明晰起来，依法规范政府与农民之间的产权关系（类似城镇土地产权制度），产权边界就会清晰，权责也会明确，有利于发挥市场在资源配置中的决定性作用，符合社会主义市场经

---

① 日本成田机场，1966年7月决策建设，由于土地私有，私人财产神圣不可侵犯，遇到了给钱也不卖地的钉子户。2012年11月28日，在法院的强制执行下，又有两座钉子户房屋遭拆除，但是，至今成田机场内及周边还有钉子户。50年过去了，成田机场已经成为日本最大的国际航空港，年客流量居日本第二位。不过，因为钉子户，至今仍处于"未完工"状态。钉子户的农田和养殖让机场的一段诱导路被迫变得弯曲；为了减少噪声，机场方面为钉子户们修建隔音设施；为了不影响他们休息，机场至今不准夜间起降。

济发展的大方向。从维护农民权益来看，集体土地确权到户，有利于切实防止集体组织或以集体组织名义对农民权益的侵害，有利于农民分享发展成果，使农民在工业化、城镇化中富裕起来。对于国家来说，把农村集体土地产权明晰起来，既有利于增强国家对土地资源的控制力和影响力，更好地发挥政府作用，也有利于农村土地制度与城镇接轨，促进城乡发展一体化。

二是农业社会化的大生产和城市化进程，需要将农村集体土地财产使用权确权到户。农村集体所有制，是在一个行政村范围内的土地所有制，虽然它比家庭土地所有制进了一步，但仍然带有农业社会小农经济土地所有制的色彩。这种一个村庄范围内的土地所有制，当遇到社会化大生产时，谈判者有集体和承包户两个层级，成本很高，效率很低；户与户之间结合进行规模化和专业化经营很困难，组织成本也高。而把集体土地财产使用权确权到户，转而由使用者进行谈判、合作，土地资源再配置的效率大大提高，并且成本大幅度下降。随着城镇化的推进，越来越多的人口将向城镇迁移，村庄人口最终会大幅度减少，许多村庄也会消失，农村土地会从重所有权向重使用权转变。

（四）土地使用年期永续化改革

如果我们确定了土地体制改革的大方向，那么，紧接着的一个问题就是，土地是永久使用，还是在限定的时间内使用？是短期使用，还是使用期限较长？实际上，从土地和住宅运行和使用的投入、保护和效率看，所有者给使用者的时间越短，效果越差。比如，耕地承包期5年，则谁也不会投资办农场；林地承包期50年，如果没有及时的措施，或者有变故，承包人在第48年就会砍林子；即使我们定一个100年的使用期，在一两代人内可能会安宁，但实际上，100年前的地价与100年后的地价绝对不会一样，可能涨几十倍，我们还是将到期后更加严重的社会经济断崖问题留给了我们的后代。

更加严重的一个问题是，使用年期过短，会造成土地和房屋资产的市场运行无法进行。比如，前面在分析现行土地住宅体制弊端时所举的"以房养老"例子，反映的就是深层次的年期制度与市场经济无法接轨的问题。

解决上述城镇国有土地的年期等问题，比较有效的办法是使用年期的永续化。在国外，90%以上的国家和地区的土地产权都采用永久业权形式。即使有的国家早先规定了土地产权年期，但大多在随后的实施中采取办法予以延期。比如，以色列就曾从最初的49年延长到98年，进而在1997年又延长到196年。

农村集体土地财产使用权确权到户后，其使用年期同样也应当永续化。十八届三中全会《决定》明确要求稳定农村土地承包关系并保持长久不变，这实际上是改革之前关于承包期的有关规定，无限延长土地承包经营权。对建设用地使用权和农村宅基地使用权年期，《决定》没有明确，但这个问题又很重要。综合各方面意见，

为稳定基本经济制度及保障居民权益，上述土地使用权延期是必然的，但问题是延长一段时间还是无限延长。虽然延长一段时间操作起来阻力会比较小，容易推动，但从保持产权长久相对稳定，以及与《决定》明确的土地承包经营权无限延长的做法相统一的角度看，我们建议无限延长耕地、林地、建设用地和农村宅基地使用权期限，实现永续使用。

（五）土地和房屋配置坚决向市场化方式改革

十八届三中全会《决定》和国家"十三五"规划纲要都提出，建立城乡统一的建设用地市场。从两个文件的有关内容看：①大幅度缩小建设用地从农村由国家行政性强制征用，再拿到市场上行政垄断出让的范围；对目前的城镇国有市场（可能是行政扭曲的）和农村根本无土地市场的局面进行改革及统一；同地要同价。②国有土地资源的配置，也要减少行政划拨的范围，扩大市场配置的范围。③即使公益性质的用地，国家也要按照市场价格进行征收。④完善城乡土地的二级市场。

我们认为，在配置方式上，改革的方向，应当是形成市场起决定性作用的土地和房屋市场。实际上，十八届三中、五中全会精神可以有不同的理解。可能会出现的分歧，是较为彻底的改革，形成一个由市场决定配置土地及房屋资源的土地市场；还是修补性的改革，形成一个还是政府主导的，甚至是政府决定的土地及房屋资源配置市场。具体的改革选择是：①宏观上改革目前严格的年度行政下达和分配建设用地指标的体制；对耕地、林地、湿地等严格规划，用途管制；通过改造未利用地、整治村庄、复垦废弃工矿用地、利用低丘缓坡，增减挂钩、占补平衡；通过清理政府和企业圈地存量等措施，扩大土地供给来源，从而弱化一定规模耕地等改为建设用地的国务院垂直审批，为土地体制市场化方向的改革创造一个宽松的环境。②我们担心的是，建立城乡统一的土地市场，有可能变成将可以转为建设用地的农村集体土地，由政府国土部门集中起来，仍然是行政垄断，招拍挂出让。虽然名义上统一了城乡市场，但是，格局还是一个政府主导和操纵的寡头垄断市场，即政府垄断集中农村和城镇的可供给土地，形成土地行政垄断性的买方；同时也只有政府才可招拍挂出让，形成土地行政垄断性的卖方。这并不符合"市场起决定性作用"的改革精神。重要的是，不仅要统一城乡土地市场，更要改革目前的行政性的土地市场。也就是说，所有的土地，不论是农村土地，还是城镇土地，不论是自然人使用的土地，还是法人使用的土地，不论是土地永续使用权的交易，还是阶段性使用权的出租，这些土地的供给都应当平等进入土地交易中心，进行登记挂牌；而各类土地的需求方，则也可以将需求登记信息在土地交易中心挂牌。供给方与需求方都在土地交易中心登记，形成价格并完成交易。如此，形成一个供需自由进入的市场，有许多个供给方与许多个需求方，促进市场竞争。

（六）选择竞争和有活力的多渠道住宅供给模式

目前，学术界和政策界似乎有这样的主张，即走市场化渠道，由房地产开发公司从政府手中获得土地，再由这些公司招标建设公司建设成套房屋后卖给居民；从市场上买不起房的居民，由政府主导建设保障房供其租用。这两年的实践，也在向这个方向迈进。

然而，这种改革取向，即使改革政府行政垄断卖地，土地供应形成竞争性市场以后，也有着明显的问题。从房地产开发供应方面看：①已经形成的规模特别大的房地产商，可以买地后囤地，建成的房屋在区域性的市场中，单独或者联合操纵，使房屋的价格不断上涨，获得投机和垄断带来的利润，损害购房者的利益。②除去申请政府的保障房外，市场上只有房地产商开发一种供应方式，选择余地较小，房屋供给渠道没有实现多样化，缺乏可选择性和竞争性。③在中国，房地产商成了报批项目、土地购买、设计、材料购买、建筑安装、证照办理等环节的唯一组织者，实际上，设计商、材料商和建筑安装商三方面的利润都很微薄，房地产商从中加成的利润非常高。就房价中的设计、材料和建筑安装成本构成分析，全国各地区虽不一，但每平方米1 000～2 000元足够了。为什么目前全国商品房均价在8 000元左右？除去上述成本，其余的部分中，60%～70%是政府的出让金和各种税费，30%～40%是房地产商的利润。为何如此？是因为政府给了房地产商盖房的特许权。实际上，目前的房地产商，其房屋的主要供给对象是富裕和中上收入阶层居民。

一些学者认为，如果居民买不起房地产商开发的由市场提供的商品房，那么，就是市场失效，就应当由政府弥补，主导建设保障房来满足。我们认为，沿着这种思路设计体制，并加以实施，将后患无穷。①可能会出现世所罕见和规模空前的政府保障房屋。与只有600万人口的城市国家新加坡不同的是，中国有着960万平方千米的陆地国土，真正意义上的城市人口只有30%，70%的人口还是农村户口和城市中无房的群体。中国城镇中，目前有3.1亿左右从农村进入的农民工及家属，95%没有自己的住房。城市化是不可抗拒的客观趋势，按照未来14亿人口70%的城市化率估算，还将有近3亿人口进入城镇。加上城镇中买不起商品房的原住民，如果除了房地产商开发外不允许其他途径提供住房，将共有6.5亿～7亿人口需要政府提供保障房，这将是世界上规模最大的保障房计划！②经济发展水平和财政能力有限，如果由政府负担建设大规模住房，对居民生活保障过度和多方面福利化，政府和社会可能陷入债务泥潭，国家财政将面临破产的风险。就目前地方政府完成中央下达的建设保障房任务的情况看，中央财政补助不多，资金来源难以保证，满足的群体十分狭窄，地方政府虚报成绩等问题比较突出。未来6.5亿人口，以每人最低建筑面积20平方米计，需要130亿平方米住宅。然而农村土地与城镇国有土地同地同价改革后，土地不可能像现在一样廉价获得，政府要按照市场价征收土地。这样的地价、建筑成

本、财务费用、工程管理、社区配套、小区运营、维修和管护等静态费用，再考虑人工和材料等价格的上涨，预计将达到30万亿～40万亿元规模之巨。未来，教育、养老、医疗等公共服务和社会保障的缺口相当巨大，潜伏着巨大的债务风险，如果再将6.5亿人的住房由政府包下来，国家财政将不堪重负！

特别需要指出的是，凡是市场能生产和解决的，如果政府插手，监管成本高昂，不仅供给质量难以确保，而且容易滋生各种腐败。

住宅供给方面需要注意以下一些方向性的思路：①在政府有限的可支配收入中，是将更多的支出用于住房保障、失业救济等，还是在农民的土地上少收一些，将支出部分更多地用于教育，培养青年人和成人的创业和就业能力，使他们有财产收入和获得收入的能力自己去购买住房？②是将住宅分配限定于市场提供的只能是房地产商建设的商品房，剩下的由政府来负责建设和保障，还是市场部分放开，多种形式、多种渠道向城乡居民提供住宅？

我们认为：①在政府提供公共服务和社会保障的支出结构中，与其将更多资源直接给予居民消费，不如将资源更多地投入增强居民获得财富能力的部分——教育，从而提高城乡居民的素质和能力。较强的创业和就业能力是最好的社会保障，既扩大了社会保障基金的来源，又减少了基金支出，降低政府社保基金收不抵支的风险。我们需要的正是这样一种有活力、有效率，在国际经济中有竞争力的制度安排。②需要看到的是，住宅市场供应只有房地产商开发这种单一形式，实际上是一种单一供应渠道的垄断，也是中国房价水平居高不下的主要原因之一。从思路上讲，需要多种渠道和多种方式进行竞争，这样才有利于繁荣住宅供应市场，使城乡居民有多种选择，使房地产商千方百计地将成本降下来，将过高的垄断利润让出来，提高工程质量，在住宅的外观和功能上多样化、合理化。③政府出于渠道单一可以方便管理的思路，认为房地产市场供应由房地产商供应，是有失偏颇的。如何才能最有利于解决群众的"住房难"问题，如何搞活市场，允许多种形式、多种渠道调动社会的资源和能力，激发社会的活力和积极性，建设更多的住宅，满足城乡居民的居住需求，实现中国城乡居民的住房梦，是事关执政根本的重大问题。

四、改革的框架性内容

在研究改革的一些大的方向后，我们可对改革的重要内容——这是一个内部相互联系的逻辑结构——进行一个框架性的设计。

（一）改造未利用地和村庄整治，扩大土地供应

当前，我国土地制度运行中的很多问题，包括高房价、土地财政等，都与土地要素资源供给不足有关。全国的土地共分建设用地、农用地和未利用地三类，既然建设用地和农用地利用空间有限，那就应考虑未利用地。如果通过改造未利用地，能够有效增加土地供应，就能为推进土地产权制度改革创造宽松环境。

1. 改造未利用地

如果拓宽思路，可开发的未利用地不仅可以开发为耕地，还可以开发为建设用地和生态用地，加之技术进步等因素，则可开发的未利用地面积实际上相当可观。①把盐碱地、滩涂、沙漠地纳入土地综合整治工作，只要改造其中的20%，就至少可以新增可利用土地6亿亩左右。②全国的低丘缓坡土地约占土地总面积的10%，与全国耕地保有量基本相当。开发低丘缓坡土地中的1%，也有将近2亿亩土地可以用于建设、生态或者农业。③全国因工矿生产建设挖损、塌陷和压占废弃的土地约6 000万亩，复垦可补充耕地的潜力为3 000万亩。仅上述三项，改造未利用地就可以获得83 000万亩建设用地和农用地。

在当前及未来一个时期，我国在改造未利用地时，建议采取"政府引导、企业进入"的开发模式。从政府引导来看，既要积极创新政策，鼓励支持未利用地改造，也要建立组织协调机构，以加强统一规划。国家成立土地综合开发管理委员会，组建国家土地综合开发管理办公室。由国土资源部会同农业部、国家林业局、科技部等部门，组织开展未利用地资源的分布、分类、分级等方面的调查和评价，建立未利用地数据库。统筹协调未利用地转为农用地、建设用地的比例，合理确定未利用地开发规模、步骤和区划。对使用未利用地的项目，经审查符合产业政策、用地政策、用地标准的，实行建设用地的增减挂钩、占补平衡。

从企业进入来看，由于未利用地改造对象是不可再生的土地资源，且开发投资大、要求高，周期比较长，为了避免圈地倒地等问题的发生，对从事改造开发的企业应有一定的资质要求，并应和政府签订开发协议。经开发企业改造后的未利用地进入土地交易中心，如果需要用地，一律由用地方到土地交易中心购买。

2. 村庄土地整治

1978年时，农村人口为79 014万人，村庄占地近7 000万亩；2007年时，农村人口为72 750万人，而村庄占地则达到27 281万亩。城市化是一个不可抗拒的客观趋势。到2040年时，农村人口大约为29 000万，即使住宅面积按照人均50平方米计算，占地也就约11 000万亩。如表4-1所示。

表4-1　　　　1978年、2007年和2040年的村庄用地面积[①]

年份	农村人口/万人	农村人均住宅面积/m²	村庄用地/km²	村庄用地折合亿亩
1978	79 014	8.1	46 481	0.6972
2007	72 750	31.6	181 875	2.7281
2040	29 000	50.0	72 500	1.0875

随着城市化的推进和村庄的衰落，应当对村庄土地进行整治，进行土地的再分配和利用。人口减少，理论上可以腾出16 400万亩

---

① 数据来源：国家统计局网站,中国国土资源统计年鉴2008,根据有关数据推算.

土地。

但是，目前村庄整治的方式引起一系列问题。先是地方政府盖搬迁楼，让农民上楼；再拆除农民的村庄，将宅基地整理出来，腾出建设用地，或者复垦后腾出其他地方建设用地的指标。然后，政府将得到的土地在市场上招拍挂，政府得到丰厚的出让收入，开发商得到土地，工业用地企业可能得到价格优惠的土地。而农民从中得到的最少。许多地方，农民宅基地以及附近的耕地都被政府征用，但是其得到的补偿还不够支付购买搬迁楼居室的价款，得另外筹款支付。农民到新的住宅楼中要付钱，过去房前房后种菜种果树养禽畜的土地没有了，周围的耕地也没有了；而占用他们宅基地和耕地所建设的住宅、商店、工厂与他们没有任何经济关系。这实际上是对农民的一种剥夺，导致全国各地农民抗拆迁冲突四起、愈演愈烈。

那么，怎样整治村庄土地呢？按照十八届三中全会精神，尊重农民的土地财产使用权，同地同价，以市场供求价格为准，平等进入土地市场交易，政府规定一定比例的税率，对交易额或者增值额收税即可。这在土地使用产权和市场改革中将详细论述。

村庄整治，加上上述的未利用地的改造，保守估算，大致可开发和整治出来10亿亩土地，完全可以弥补未来几十年我国建设及吃住用地的供求缺口。这就为土地住宅体制的改革，创造了一个较为宽松的条件。

（二）不动产确权和统一的信息登记平台

农村土地所有权和使用权改革的核心是：集体所有，永续使用，确权发证。对永续使用权，除一般进行确权到户，少量也可以分阶段进行批租，也即一级出售和出租。永续使用权，可以在二级市场上的不同用地者之间进行交易，或者转租。对永续使用权的交易，政府在改变业主后，对产权转移予以确认。

当然，集体土地，除了一级使用年期大部分永续化外，也可以有分期出租的方式，即还保留目前有限年期使用权的体制，以供特殊情况下的体制安排。但是，一般情况下，自然人和法人可优先选择永续使用权，政府对其以负面清单的方式进行管理。特别是在体制过渡期，为了推进改革的策略性需要，可以让城镇国有房地产的使用者，在获得永续使用权时向政府缴纳税收；让不愿意缴纳房地产税的一部分自然人和法人，保留有限年期使用权，到期交还房地产，或者再次申请租期并交纳租金。

在体制改革的过渡期，对农村宅基地也需要保留集体土地所有性质（没有明确继承权，即如果业主去世，宅基地由集体收回而重新分配的权力），让农村居民在永续使用、可以继承方式与目前的不能继承之间进行选择。

市场经济是契约经济，而产权证是契约的基础，也是国家向自然人和法人征收财产税的权证基础。因此，需要对所有的土地使用权进行确权发证和信息登记。

首先，应当对全国所有的土地，进行地籍地权清理和登记。从目前的情况看，土地和房屋产权比较混乱：一是虽然《宪法》中规定城镇土地国有，但是，还有私有产权的宅地和房屋。如玉树地震后，在重新规划建设时发现结古镇还有私有产权的土地。另外，城市中，有的居民继承祖屋，持有的是过去发放的私有产权证，没有国有土地使用权产权证。二是城镇中房屋使用权多种多样，有商品房、房改房、经济适用房、军产房、工业用地职工宿舍房、没有房改但实际长期占有的公房、回迁房、限价房、集体土地房、单位公房等几十种房屋，有的有商品房产权证，有的有军产证，有的有小产权证，五花八门，多个层级和部门发证。三是一些城镇的土地使用权归属也比较混乱，有国有企业和事业单位的划拨土地、协议出让土地、招拍挂出让土地，军队用地，国有农场用地等，产权认证也是政出多门。四是相当多地区的农村，农民承包经营的耕地、林地、居住使用的宅基地，没有确权发证。因此，改革的基本前提，是对城镇和农村的土地和房屋，由国土、建设、统计等部门协调进行一次彻底的普查、清理和登记。

其次，需要国土、建设、林业、农业、海洋、水利、交通等部门协调，统一由国土部门建立不动产使用产权信息登记平台。一是将不动产信息普查和清理后，静态存量上，统一在国土部门建立全国联网的数据信息库，包括不动产使用权人、不动产地点、面积、类型、登记时估值等；动态变动上，形成不动产增减、转移、价值变化等各方面的信息变化和档案平台。二是根据耕地、林地、农村宅基地、城镇房屋、城镇各类土地、水面和海岸等所有的不动产，进行普查、清理和登记，将目前分散在林业、农业、国土等不同部门登记的使用产权，归由国土部门代表相应层级政府，统一确权，发放统一监制的不动产产权证书。在产权发证的层级上，应当由县区级政府确权发证，而产权登记信息则实行全国联网。

再次，政府征收不动产税、准入注册法人认缴资本金登记等行政行为，法院破产、欠债和继承等经济、民事诉讼和执行，律师公证，银行不动产抵押，土地房屋等的一级使用权出租、入股、交易等，均以全国联网的不动产登记信息为准，以产权证书为依据，从而避免征税资产漏登、虚假注册登记资产、欠债隐秘资产、继承不动产纠纷、金融机构中重复虚假抵押、出租交易入股中资产不实欺诈等违规违法问题，形成信息对称、成本较低、可以追溯、效率较高，政府、司法、金融、民事和其他经济活动都可共享的不动产信息平台。

最后，最为重要的是，修改和完善土地和住房等方面的法律法规。修改《土地管理法》，起草《住宅法》或《住房保障法》，对相关不动产产权登记、确认、保护、出租、入股、交易、抵押、继承，以及土地用途管制、规划和建设等做出相应的法律规定；并且废除有限使用年限，实行永续使用制度，与《物权法》相协调，改变目前《土地管理法》与《物权法》相冲突的情况。

（三）形成竞争性的土地资源市场配置方式

明晰土地产权，是建立开放、竞争、统一而有序的土地市场，发挥市场优化土地资源配置的必要前提。建立城乡统一的建设用地市场，关键是转变配置方式，让市场发挥决定性作用，只要是市场主体，无论是农民拥有使用权的土地，还是城市企业拥有使用权的土地，都可以入市进行平等交易。只有这样配置土地资源，维护土地使用权益，才能形成对农民的合理、规范、多元的保障机制。

1. 各类土地平等进入土地交易市场

对于非公益性用地，不再经政府征用，农村土地直接进入市场，由用地商到土地交易中心寻找，其交易中的级差地租，由政府以税收的方式加以调节。对于公益性用地，政府也要先进入土地交易中心登记需求信息，寻找土地供给者，按照市价进行收购，价格太高的，与非公益性用地一样，可以税收的方式调节，而不是强行从农民手中以低价征地。

农村土地只要符合规划，就应该与城镇土地一样，同地同权同价。具体来说，一是所有土地都平等进入土地交易市场，改变土地供应的行政寡头垄断。二是农村土地的有关权利，只要符合法律规定，不管是承包地使用权、宅基地使用权，还是建设用地使用权，都可以自由入市，通过市场竞争形成合理的价格，优化土地资源配置。因此，农村土地特别是闲置宅基地能否直接入市是土地平等入市的试金石。

2. 废除行政配置与建立统一市场

土地以政府行政指标的方式分配，体现的是计划经济的惯性思维，带来的问题不少。由于信息不完全，上级政府并不了解下级政府辖区内土地供需的所有信息，结果是指标分配没有充分考虑地方需要，脱离了地方发展实际。由此，建议废除土地行政指标分配制度，在宏观层面加强对土地的总量控制和规划引导，在微观层面让市场在资源配置中发挥决定性作用。

目前政府储备土地和以招拍挂方式出让土地，其实是唯一的土地供给者——政府——卖地，而需求者是千家竞价。这是一个完全被政府所扭曲的市场。市场经济的一个基本原理是，价格是在众多的供给方和众多的需求方的共同作用下形成的。

因此，要进行的改革是：①不仅政府不能囤地待涨，而且政府要打击任何囤地投机者，包括囤积土地的房地产商；应当把目前政府囤地，推动地价上涨的方式，改革为在地价下跌时收储，地价上涨时抛售储备地，以稳定地价和房价。②在供给一方，让所有的要卖出（永续出让）或者出租（一段时间内出让）土地使用权的法人和自然人，都到土地交易中心挂牌寻找需求者和进行议价。③建设和形成区域性的土地交易中心，建立健全土地交易场所，完善办理交易事务、发布交易信息、代理土地交易等服务。可以利用现在各地的类似产权交易中心的机构，把土地交易市场建在中心，由地方政府统筹管理并收取服务费，各类土地所有者和使用者都平等入市

交易。④在需求一方，所有的用地方，不论是法人还是自然人，不论是政府还是企业，都到土地交易中心登记用地信息，寻找供给者和寻求合适的价格。

当前，我国土地交易市场比较混乱，很不规范，大致被分割为四个市场：房地产市场、工业用地（包括开发区用地）市场、合法的国有土地市场和"隐形"的集体土地市场。在分割的市场上，难以形成真实反映土地资源稀缺程度的市场价格。而且，在土地二级市场上，由于存在大量"隐形"交易，土地投机行为时有发生，交易风险难以防范，严重扰乱了土地市场，影响了国家宏观调控政策的实施。因此，要尽快构建有序、多层次、竞争性的土地交易市场。应当坚决打破土地市场割裂状态，无论是城镇还是农村土地，无论是住宅用地还是工业用地，都应按统一的市场规则，平等竞争、公开交易、市场定价。①

对于不动产的定价，政府不应当干预，应由交易双方或者在土地交易中心报价系统撮合中形成价格，或者由双方谈判协商形成价格。而政府征税的不动产价值评估方面，则应当以当地区域市场模拟价格为准确定，以降低不动产价值评估的成本，避免其中的人为扭曲因素（包括估值过高征过头税，或者有人情关系影响，估值过

---

① 郑振源. 中国土地管理制度改革的系列建言[M]//盛洪，沈开举. 土地制度研究：第一辑. 北京：知识产权出版社，2012：287.

低造成税收流失）。

（四）地方财政：出让金转向房地产税

从市县级政府的实际财政收入看，土地出让金收入已经占到40%，有的地区甚至在50%以上。然而，正如上文所分析，土地出让金制度问题不少，概括起来有：①不稳定，出让多的年份，财政宽裕，出让少的年份，财政紧张；②70年的租金一次性收来，暴收暴支，推动房价持续上涨，一年透支未来69年财源；③大规模出让土地，其基础在于城市化，但是大规模的城市化总有放慢和结束的时候，到时土地出让金式的政府收入源泉势必枯竭，会造成极大的财政断崖；④从农民和刚需买房的中低收入群体中获得政府财源，积累了多套房产财富的中高收入群体却不用缴税，长久下去，结果是财富和收入两极分化。综上简述，目前的体制，无论如何，都必须加以改革。

第一，从收取内容看，取消目前土地出让金的征收，即废除国家作为土地所有者收取一定期限批租租金的体制，改为对土地和房屋等永续年期财产交易的征税。如果国家所有的土地，永续使用权没有出让（比如储备地），由市县级政府国土部门作为所有者代表，卖出和出租永续使用权的一定时段；获得的收入包括两部分：一是卖地或者出租收入，缴入本级财政；二是交易环节征收的税。而在自然人和法人手中的土地永续使用权的买卖，土地价款由拥有永续使用权的自然人和法人获得，不从土地价款中分成，政府从中

收税。如果觉得由于土地级差等原因，出售永续使用权的法人和自然人获利过多，则可以计算级差等因素，用累进增值所得或者累进交易税的方式进行调节。

第二，从收取主体、管理方式和房地政府收入来源看，目前的土地出让金是国土部门征收，交地方财政预算外管理，改革后除了一级永续使用权土地的出售和出租，价款和租金仍然由市县国土部门收取外，交易税款由地方税收部门征收。并且，国土部门的一级土地出售和出租价款，以及房地产交易税，都要纳入本级财政预算管理。特别重要的是，土地出让金是政府低价征收农民耕地、林地和宅地，以及以最低成本拆迁城镇法人和自然人建筑并整治土地，高价倒卖形成的收入，如果广义地看，是税收，是从农民、城镇被拆迁居民和买房居民，以及被拆迁企业等手中收上来的。改革就是要逐步关闭这一渠道，政府大量的与房地相关的收入，要来自房地产税和房地产交易税，即由向低收入人群收税到向有房地产财富的人群收税转变。

第三，中央提出加快房地产税立法并适时推进改革。根据我们的改革设想，如果废除土地出让金体制，地方财政将失去一个主要收入来源，迫切需要建立健全地方税收体系。房地产税税率由各省政府统一确定，由市县级地方政府征收，并为市县级地方政府财政收入。要建立健全以房地产税及房地产交易税为重要支柱的地方财产税体系。具体来说，建议在目前的房产税、城市房地产税、城镇土地使用税和耕地占用税基础上整合设置房地产税，遵循房随地走、房地合一的原则，在房地产保有阶段征收统一的房地产税。

第四，对已经缴纳高额土地出让金的房地永续使用者实行先征后返。中国城镇住宅中，所含上缴政府的税费比例是不同的。一些过去在划拨土地上建设的住宅，住房体制改革时，没有含出让金，原居民用较为低廉的价格获得了使用权；有的土地是协议出让，或者是在实行土地出让制度初期获得，地价较低，所含出让金较少，住房较为便宜；而越是近期，地价越高，也就是政府收取的土地出让金比例越高。如果对这部分高出让金和高地价的住宅，在开征房产税时也进行普征，或者对政策优惠以外面积采取累进税率，则为双重征税。因此，需要计算等级，确定分级退税方案，在征税时当即扣除。需要考虑的是，过去的土地出让金，在合理的状态下，实际上是两部分，即地价和税收。因此，不能全额退款，而需要按照这个结构测算，将属于"税收"的部分，予以退税。在返还"税收"性质土地出让金部分时，按照一定的年限进行逐年分摊。

第五，对于集体土地、军地、工业用地等土地上建设的各类"小产权房"，目前存量大约有70亿平方米，占现有城镇住宅面积的1/3左右，拆除了之是根本不可行的。鉴于"小产权房"之前没有向国家缴纳土地出让金及有关税费，在土地出让金向房地产税收制度改革过程中，我们认为不应当再走缴纳一定出让金使"小产权房"合法化的回头路，而应该按统一的标准征收相关房地产税，除

了极少数安全隐患特别大、占用耕地特别明显的以外，通过改变规划、完善配套设施、加强管理，加上开征税收，使"小产权房"合法化，解决制度困境。

在城市化初期、中期、后期三个不同的发展阶段，城市和交通等建设用地数量呈现出快速增长、达到高峰、缓和下降的变化。在城市化后期和结束时，大规模建设用地终究会萎缩，而所建成的住宅和工商金融地产总量会十分巨大。如果不尽早将土地出让金式的政府收入扭转到税收渠道上来，则土地出让金会枯竭，而巨额的房地产税基，尽管需要政府提供公共服务，却对公共收入贡献有限。因此，从未来发展趋势看，政府财政需要尽快从土地出让金收入模式转变为房地产税收入模式。

（五）多种形式和渠道实现城乡居民的住房梦

借鉴国外经验，根据我国的历史文化传统、生产力及政府财力水平，预计未来城镇中，80%居民的居住需求通过在住房市场购买自住房来满足，20%居民的居住需求靠租赁来满足，其中15%的租赁要通过市场来满足，政府的保障房不宜超过5%。

在80%的自住房中，可以分为房地产开发商建造的商品房和以其他方式建造的住房两类。改革的方向是让市场在房地产资源配置中发挥决定性作用，政府通过经济手段对房地产市场进行调节；政府在税收、信贷等方面创新政策，鼓励支持合作建房、集资建房、私人建房等，以多种形式和渠道满足城乡居民的住房需求。在商品房供给方面：①满足较高收入居民需求的高端商品住宅，价格彻底放开，完全由市场进行调节，政府根据法律规定征收税收。②满足普通收入居民需求的普通商品住宅，政府加强监测预警，调控房价收入比、房地产价格增长率等指标；对收入较低的工薪阶层，提供货币化补助、优惠利率、税收优惠等政策支持。

在以其他方式建房方面：①合作建房。结合当前温州、深圳等地合作建房探索实践，具体操作：先由合作者共同成立类似住宅合作社的组织。合作社既可以从市场上购买符合规划的土地，也可以由有关合作方提供土地进行合作开发。获得土地后，合作社既可以委托正规的房地产开发公司进行开发，也可以自行成立营运公司，设计开发建设住宅。住宅建好后，可以由专业的物业公司对住宅进行管理，终止合作社，也可以让合作社继续存在，由合作社负责管理经营。②集资建房。这种方式比较灵活，集资方可以是政府、单位或个人，所建住房的权属，按出资比例确定。在市场经济中，集资对象并不局限于熟人，可以跟其他住房需求者通过契约进行合作。比如，在网上征集需要住宅者，签订具有法律效力的契约，成立集资理事会，接受政府及有关部门的监管。集资理事会具体设计、经营住宅建设事宜，住宅建成后撤销理事会，成立业主委员会，并请物业公司管理物业；或者在集资理事会的基础上成立合作社，负责经营管理物业。③私人建房。只要符合规划要求，不占用耕地，不影响生态，不影响绿化，政府就放开私人建房，允许居民

在城郊、农村、山坡地建房建别墅。有条件的个人可以从市场上购买土地，办理相关手续，自行设计、建设住宅。

（六）国家和政府的房地调控和管理

土地资源完全由市场配置，也会出现市场失灵问题。其原因在于，土地与其他物品有所区别：一是不可移动性，从耕地和林地看，有条件差的地，有条件好的地；从位置看，有交通方便、在市中心的区块，有交通不便、在深山中的土地；在城市中，有交通便利的中心区块，也有交通不太便利的边缘和郊区区块，由此形成不同的土地价值。市场调节使资源流动，平衡土地所有者或者永续使用者之间财富的功能，由于土地的不可移动性而失灵。二是土地的利用，需要有农业、林业、生态、住宅、工业、教育、行政、服务业等不同类型用途的划分，而不同用途的土地，其价值是不同的。如果任由市场调节，土地所有者或者土地的永续使用者，会将土地的价值最大化，即土地会向土地利用收益最高的金融、住宅、商业等领域流动，这样，城市中的区域功能就会紊乱，成片的耕地上就会盖起住宅。从土地功能分区和合理利用看，土地的配置完全由市场决定，也会发生调节失灵。三是土地资源在再分配时，由于其在农业、林业、住宅、商业、工业、金融等领域之间的价值差异，还有位置不同形成的价值差异，各土地所有者或者永续使用者所获得的财产性收益差别很大。如果任由市场调节分配土地财产权的相关收益，有的会暴富，有的收益甚少，会导致两极分化。这也是一种市场失灵。四是有少量的群体，因为体能技能和其他客观原因，收入较低，如果任由市场调节分配住宅，他们可能会流落街头，因此，也需要政府主导建设一部分公租房进行分配，弥补市场分配的不足。政府在尊重市场决定性作用的同时，对土地资源的配置，要弥补市场失灵的部分。

首先，加强对房地产市场的宏观调控。一是建立和完善全国各类土地房屋等的存量和增减变动统计体系和信息库；根据未来城市化的推进和人民生活水平变化等趋势，预测城市、交通、水利等用地需要，制定全国用地总量和结构战略。二是形成土地规划体系，层级上包括国土利用规划、城市规划、乡村建设规划；类别上包括农业用地、林业用地、水利用地、交通用地、城市建设用地、乡村建设用地、生态环境用地等规划；全国国土功能上，包括限制发展区域、适度发展区域和发展区域等。需要将发改、国土、建设、交通、水利、环保、农业、林业等部门各方面的规划相协调，将城镇和乡村的规划相协调。不同层次的规划，需要同级人大立法通过；注重公众参与，让规划的利益相关者尽可能参与从信息提供到规划决策的全过程；而且，国土利用战略，城市和乡村各类规划，都需要公示公告、公开透明。

我们认为，土地和房屋等信息应当统一，战略规划应当统一，规划执行和管理应当统一，在体制上应将分散在相关部门的功能整合到国土部门。

土地出让金的废除和房地产税的设立，加之土地交易市场的进一步健全，将为使用经济手段对土地市场进行调控创造比较好的条件。我国可以借鉴国际经验，在使用规划管理手段的同时，也运用政府土地储备和出售、政府国有土地永续使用权出售和出租价格调整、税收杠杆等经济手段，加强和改善土地调控的规模、布局、结构和时序，管住总量，严控增量，盘活存量。

建立和完善土地市场动态监测制度，加强对建设用地供应、土地价格变动等情况的监测分析，科学预测商品住房对土地的需求。重点对房价收入比、租价比、房地产贷款增长率与贷款总额增长率的比值、房地产价格增长率与GDP增长率的比值等指标进行跟踪监测，发现异常运行情况立即做出预警，防止出现房地产过热和泡沫。

其次，地方层面，要科学规划、立法通过、严格执行、违法违规必究。一是科学规划城乡各类用地，特别是城市、乡村和交通建设用地，立法通过后，不得擅自变动。避免换一任书记、市长就出于个人意志换一次规划的问题。二是市县规划，需要建设执行，要各条块统一，不能各自为政和重复挖填拆建。三是规划要严肃，不能因为人情、利益关系等，就对已定的规划随意改动。对此应当看作是违法违规行为，"谁改动，追究谁"。四是国土、规划、建设、城管等部门对违规违建和其他乱占地行为，协调行动，统一执法，违法违规必究，维护规划的统一性和整体性，保证科学和合理用地。

但是，在具体执行上，要处理好严格行政管理与便利用地自然人和法人的关系，处理好政府管理与市场调节的关系。对于土地永续使用权、有关经济活动等方面的行政管理，列出负面清单、材料公告和办结时限；对于政府管理，需要列出正面清单，不在清单上的项目，不能随便设项，并以此限制办事自然人和法人。另外，对于城市人口规模这样的规划，由于人口是由学业、事业、收入、教育、医疗等综合因素调节而自由流动的，预先规划未来人口规模的难度比较大。从以往的执行情况看，有的西部地区想建设人口规模较大的城市，人口却不往那里流动和集中；北京、上海等城市想控制人口规模，却每每被突破，规划总是失效。因此，要达到规划的目的，是规划人口规模后用行政的办法控制呢，还是政府利用市场杠杆来调节人口流动呢？换一种思路，如果规划内容中有对市场调节杠杆的设计，可能比单纯规划人口规模，再由政府运用行政力量来控制有效得多。

五、房地产税：怎么开征？

十八届三中全会《决定》提出，加快房地产税立法并适时推进改革。国家"十三五"规划纲要提出，完善地方税体系，推进房地产税立法。这里我们试图系统地设计一套各方互让权利、平衡多方利益，各方都能接受和大体满意的城乡房地产税征收方案。

（一）土地出让金与土地财政政策微调和小改的困境

从目前地方财政收入的正规税收渠道看，增值税的75%归中央，25%归地方。当把地税第一大税种营业税变为国税地税共享税种增值税后，就算中央和地方的增值税收入由75∶25变为50∶50，很多复杂的中央与地方财权、事权关系调整都无法兼顾。这种简单的分成比例的调整毕竟属于过渡性政策，治本之策还是在于重构地方税体系，真正形成有利于调动地方积极性、促进地方经济良性发展的地方税体系。从全国各地政府目前的收入看，除了税收部分外，很大一部分来自卖地，有的地方土地出让收入甚至占到地方财政收入的一半以上。而且，从更长的时期看，年度间收入很不稳定。未来，城市化的进程总有一天将完成，土地财政也会有难以为继的一天。并且，目前的土地财政，引发了地方政府扩大城区、大上项目、强征强拆、垄断出让、推高房价、实业趋落、房地产泡沫等一系列问题。

那么，如何改革呢？一些学者不主张实行房地产税改革，而是主张进行微调，在其他方面开源节流。这种思路遇到体制和社会格局的变化：①按照中央关于农村土地改革的部署精神，城乡同地同价，减少征地范围；②强调用地红线、用途规划管制，约束政府用地；③农民抵制强拆强征，征地难度越来越大。结果：地方政府的土地出让金部分将大幅度下降，并越来越少，征用和囤积的土地储备抵押给银行借债的行为也将受到限制，其他借债行为也会因债务审计和考核而大大减少。一方面，地方政府财政将遇到前所未有的困难，这种困难在近年来国家针对房地产市场持续进行宏观调控后，已经有所显现；另一方面，住宅投资性需求也无法抑制，房价继续快速上涨。

如果继续维持原有征地制度，仍然收取巨额土地出让金，则一方面，还是在过多地掠取农民群体的利益转移到城市和政府；另一方面，如前面讨论过的，地价房价不断上涨，或者使城市中需要买第一套房的群体变成房奴，地方政府实际从他们手中征了很高的"税收"，或者因房价太高，使他们沦为城市中长期的租客。不废止收取土地出让金的体制，对这两部分群体是不公平的。特别是如前所述，迁移入城市的7亿农民和买不起住房的群体，租住在有多套房的2亿左右居民家中，租房者将收入的30%~40%交给房东，形成城市中新的房主和租户两个阶层。过去曾经通过购买房改房、在低出让金及低房价时购买商品房等途径积累了不断增值的两三套，甚至更多套房财富的一些城市居民不缴税，而农民却要将耕地、林地、宅基地低价转移给政府，没有住宅要买第一套居住房的城市新居民，实际则要向政府缴纳高额的"税收"。如果不进行较为彻底的改革，税负和财富的分配是不公平的。

目前研究开征房地产税另一方案的思路是：居民住宅年期不永续化，基本居住消费部分免征房产税，对多套房开征累进房产税，对企业开征房地产税。思路是：①现有土地使用年限40～70年，

到期后使用者须重新申请，按照上个使用期结束时的价格再次缴纳土地出让金后，再继续使用，否则国家收回土地使用权和地面建筑的规定不变。②规定住宅法定面积，或者第一套房不征，从第二套房起，按市价累进征收。比如，一居民，在北京有四套住宅，都为150平方米，价格均为每平方米5万元。第二套房按2%的税率征收，则需缴税金15万元；第三套房按3%的税率征收，需缴税金22.5万元；第四套房按4%的税率征收，需缴税金30万元。这个方案的结果是：①开征的前几年中，由于累进征税，加上房地产税挤出住宅交易，地方财政房地产税和房地产交易税收入大幅度增加。②房产税开征后，为了降低持有成本，多套房的居民将第一套房以外房产抛出，一是地方政府征收的房产税减少，如果大部分都将第一套房以外房产抛出，只保留居住房，由于第一套房免税，政府住宅房产税部分又会陷入枯竭；二是如果仅开征企业的房地产税，税收负担就会全部压在企业身上，税负过重会影响企业经营和就业岗位的稳定和增加；三是房屋供应量大增、房价下跌，可能使银行坏账增加，金融风险加大，房产税计税价格水平也会下降，收入也会减少。③城镇居民基本消费住宅不缴房产税，从第二套房起要缴税，不论一套多套，只是在规定期限内有使用产权，过期不重新申请，则土地及其地上建筑物无偿收归国有。按照这种思路，一则虽然无损于只拥有基本居住房的居民，但持有多套房的中产阶层财富再分配过猛，将严重损害中产阶层利益，不利于中产阶层的扩大。

二则中产阶层抛完第一套房以外的房产后，居住房产方面不再是地方财政的稳定税源，不符合"居住并有房屋财产，政府就要提供公共服务，居住人相对应需要缴纳税收"这一原则。这种方案的改革，虽然易于启动，但是后患无穷。

显然，房地产税改革不启动，或者基本居住消费部分不改革而对多套房征收累进税，这两种思路都是行不通的。我们设计了以下一个克服这两种思路困境的第三方案。

（二）永续使用权和继承权换取征税权

对城镇自然人和法人目前使用的城镇国有和有限使用年期的房地产，给以永续使用产权换取政府的征税权。而对不愿意选择政府征税改革的城乡居民和法人，可以保留其目前到期收回和按未来土地出让金价格重新缴纳土地出让金后再继续使用的体制。但是，城镇居民在土地使用权到期后，不再重新申请的，改革目前无偿收回地面建筑的规定，由政府以成本重置价收购地面建筑物；而对工商、金融用地，不选择永续使用从而不缴房地产税的，由于企业有提取建筑物折旧的财务制度，对地面建筑政府不进行收购，到期无偿收归国有。

不含土地出让金的各类集体产权房、军产房、工业用房、房改房等，率先进行改革，并且只有一种选择，即国有土地和永续使用权改革，按规定征收房地产税，予以合法化。

总之，土地所有制改革的方向，是明晰产权、永续使用。新中

国成立以来几次修宪，对城乡土地的所有制性质规定有所不同。对原有的保留土地私有性质的一些房产，特别是"文革"时住户不断变更，代际继承和人数增多，城镇和农村中遗留的住宅和宅地所有权方面的问题不少。对此，应当专门进行研究，制订方案，在大方向一致的前提下，妥善加以解决。

（三）区分消费与投资并按居住面积分类征税

中国各城市，由于多年来政府行政寡头垄断卖地炒地，价格泡沫特别严重，对于合理面积的自住房而言，价格与使用价值严重偏离。因此，在中国城镇，按照合理房价收入比的房屋价值征税，才能为居民所接受。

我们认为，一个重要原则是，要区分消费性住宅资产与投资性住宅资产。消费性的住宅资产，即使价格畸高，但是居民只有一套并居住使用时，并不能变现为市价水平的价值性财富。这里表现的是住宅的居住消费性质的使用价值。而只有将住房出售、出租，或者持多套而等涨价时，才表现为投资价值性质的财富。因此，对前者应当按照消费性住宅以合理的居民能够承受的价格水平征税，而对后者则应当按照投资性住宅资产市场价格水平征税。

对于居民不是用于投资，而是用于居住消费的住宅，一定的法定面积，包括无法分割的法定面积外的套内面积，应当挤出房价虚高的水分，就是以当地上年的人均可支配收入及合理的房价收入比来确定下年应征房产税的房价。

居住消费性质的第一套房，按家庭人均可支配收入6年可买一套人均50平方米的住宅计算房价，并且面积不论多大，都为消费性质，因此以消费性质房产价格、每年1%的税率征收税金。如北京市2012年城镇居民人均可支配收入36 469元，法定的人均居住面积为50平方米，合理的房价收入比为6，则每平方米应征税价格为4 376元，如果居住面积为50平方米，则征税房价为218 800元，按1%的税率，2013年应征房产税税额为2 188元；三口之家，150平方米的居住面积，2013年应征房产税税额为6 564元，而200平方米则应征8 752元。平均来看，1%的税率分4年改革到位后，房产税为北京三口之家年总可支配收入的0.75%，这在可以承受范围之内。

当房地产泡沫消失，房价收入比稳定在6，甚至低于6时，由于人均可支配收入是增长的，消费性质房产税税率与不断增长的人均可支配收入挂钩，也是不合理的。到那时，就不再与收入挂钩而以真实的房产价格征税。然而，可能房价会不断上涨，泡沫经常性存在，这种情况下，仍按以房价收入比6确定的税率征税比较合理，因为它对城乡居民的利益是一种保护机制。

第一套房以外的住宅，视同投资性资产，按市价的1%征税。前面已述，有的方案提出征收累进税，对第二、三、四套及以上多套房分别按年2%、3%、4%等征税。我们认为，这是不合理的。一是因为地方政府的高出让金已经推动房价远远高于居民平均收入水平，价格中包含着泡沫；二是世界上对居民多套房累进征税的国家

极少，都采取普税制；三是累进税太猛烈，将会导致房价大跌，引起金融动荡。因此，我们以为，不论有多少套住宅，税率都应当为市价的1%。比如，150平方米的住宅，在北京某学区，市价为每平方米10万元，1 500万元市价，年房产税15万元；在住宅小区，市价为每平方米4万元，年房产税6万元；而在昌平区，市价只有1万元，则年房产税为1.5万元。如果一个家庭有五套房，共1 500平方米，市价平均5万元，则需要缴75万元税收，实际上就是不累进，业主税负也比较沉重。

此外，不论是消费性房产，还是投资性房产，其进入交易环节，均按照市场交易价格征收房地产交易税。

（四）消费性房产税低起步、小步走和分若干年到位

一个城市人均可支配收入中，含有工薪以外的许多收入，因此，就是消费性住宅资产按照合理价格水平征税，对于一些实际收入大大低于该城市人均可支配收入水平线的居民而言，负担可能相对比较大。因此，设计按照居民收入的增长，分若干年到位，使消费性质房产税逐步达到1%的目标税率水平。比如，从2017年开征，达到目标税率的时间设定为2020年。2017年，150平方米基本面积内，按照0.25%的税率征税，即按1/4税率征收；每年税率上调1/4，在2020年达到1%的目标税率。

这样的征税方案，低起步，小步走，分4年到位，使城镇居民逐步适应。城乡居民收入增长（特别是工资增长），消费支出结构

调整，将分年消化消费性质房产税部分。其间，可以工资增长与消费性质房产税增加联动，减轻工薪阶层房产税负担。

对于投资性房产，按市价的1%征税，不实行低起步和分年小步上调的方式，一步到位。

（五）低收入人群减免

对于退休金较低，甚至没有参加退休社保的，以及参加以房养老的老年城镇居民，对于失业无收入的城镇家庭，对于统计在最低收入范围的城镇居民，严格甄别，适当减免其房产税。鼓励城镇退休居民将房间出租给大学生和农民工等以获得收入，对所得收入免征个人所得税。业主去世，由子女继承或者卖出，新业主仍按前述规定的房产税缴税。对有两套房且养老金较低的退休居民以及有两套房的低收入居民，鼓励出租另一套房，出租收入免征所得税和投资性质房屋的房产税，但需要缴纳消费性质部分房产税。

（六）原实际征税性质的高土地出让金部分逐年退税

对于按照市价征收房产税的住宅以及工商、金融、商业等地产，因政府出让金是将若干年租金一次收来，因此需要从土地收取出让金改革以来，对地价构成进行动态梳理，分清和合理测算土地出让价格构成：①所有权地价；②由于交通、位置等因素形成的级差地租；③对农民过低价格收购部分的价差转移；④拆迁、安置和整理等成本；⑤实际是向购买房屋土地者征取税收性质的部分。特别是高地价时购买住宅和金融商业用房的自然人和法人，房产税

实行在设定的年限中对构成⑤实行先征后退的体制，以避免双重征税。

对于工业用地出让金，应当分类考虑，如果政府给予了优惠，或者价格较低的，不考虑退税；如果价格较高，没有优惠，则应当考虑适当予以退税。

（七）不同征税和交易办法，方案选择自由

对于目前合法的城镇国有商品房，可以给业主设计两种方案让其选择，一种是上述方案，另一种是，对于不选择国有永续使用产权改革方案的城镇居民：①征收住宅消费税，比照永续使用权房产减半征收。②房屋在国家规定的使用年限中，有继承权；到期，土地由国家无偿收回，地面建筑按照建筑造价由政府回购，继承权消失。③由于这类房产的土地国家没有将永续使用权交易给业主，业主在房地产市场上进行抵押、出租、入股、出售等，只能按剩余的使用年限，不能按永续使用年限产权来交易，其价值也按照剩余使用年限来评估。

（八）非住宅性质房地产的永续产权和不动产税

对目前使用年限40~50年不等的非住宅性质房地产，特别是工商金融地产，除极特殊的以外，也都改革为法人永续使用产权制。经营性的房地产，各投资者按照股份拥有永续使用产权；各党、政、军机关和事业单位、社团等，永续使用权为组织和法人所有，其中非营利基金会的，由基金投资人所有；无投资人的，其政府机构归并、营地变化、事业单位和社团变更等时，除了清算负债所用之外，国家无偿收回土地的永续使用权，但不包括建筑物，除非解体或变更后无主。

非住宅性质房地产（不包括个人在家创业用的住宅），因房地产的产出率不同，对工业、商业和金融地产，按市价1%、2%和3%的税率（世界大多数国家为2%～5%）区别征收。工商金融等地产，不得减免。党、政、军机关和事业单位、社团等的地产，房产税按照市价的0.5%征收，都要先缴纳房地产税，按照有关用房面积标准，包括教育卫生等公益和半公益用地，即征即退或者即征即减；超标准面积的，由使用单位或者使用个人缴纳。

还应当以降低增值税换取对非住宅性质不动产征收房地产税。其中一部分实际是中央和省一级向市县进行收入的结构性转移。目前来看，增值税税率太高一直是国内外诟病的问题，应当往下调2个百分点。按2013年数据匡算，影响中央收入2 700亿元左右，影响地方政府收入840亿元左右。但是，从地方政府财政收入接替上看，仅城镇工商金融地产就达100多亿平方米，均价每平方米8 000元，对80万亿元资产按平均2%的税率征税，除去减免，约有1.4万亿元税收。

（九）农村城郊土地永续使用权和继承权及其减免性征税

农村土地，集体所有不变，将农民"长期使用"改革为"永续使用"，并且除了现已规定的其他产权内容外，给予农民继承权。

一些有集体经济和土地对外交易（如集体自建标准厂房，用地商购买土地永续使用权，村有工商企业，农业合作社等）的农村，特别是城郊和靠近城郊的，实行土地股份合作制，每户以耕地、林地永续使用权入股，形成土地股份合作社，以防永续使用土地用途不同，价值不同，而形成集体内的两极分化。而对一些边远的山区等，集体经济很难发展，也没有用地商到农村购买或者租赁土地的，是否将农户各自永续使用的耕地、林地投入股份合作，则由农民自愿选择。农村和城郊的集体林地，生态用地，村庄公共用地，村民自治组织、卫生和其他社会和公共服务所用房地产，其永续使用权为村民自治组织所有，严格控制其范围和面积，以防侵蚀农户利益。这类土地和房产，不征收房地产税。如果村民自治组织因人口迁移、村庄衰落等消失，其公共的永续使用权土地，先选择由迁移在外的原村民及其后代组成土地股份管理公司管理；若无人管理，则由国家收回。农村和城郊，不论是农村村民合作社，还是农户的耕地、林地、水面，农林物品饲养加工等建设用地用房等，也均不征收房地产税。

农村和城郊原集体所有的土地从长久使用改革为永续使用，并可以继承、确权认证；而对村中非农业的经营性用地和用房，则可按照农民土地股份的比例计算股权，并且也是永续使用权，也可以继承。①对于农民自住的第一套房地，免征房地产税；②两套和两套以上的农村居民房地，按照当地村郊市价，地处农村的，征收

0.5%的房地产税；城郊的，征收0.75%的房地产税。如果交易给行政村以外的城镇居民的，对新业主区别消费性质和投资性质房产征税。而对于农村和城郊的非农业经营用地和用房，分工业、商业、金融业，处于农村的，分别按市价的0.5%、1%和1.5%征税；处于城郊的，分别按市价的0.75%、1.25%和1.5%征税。

对于农村不选择土地住宅新体制的，也可以保留原体制，由村民自治组织代为管理永续产权。宅基地不能发放永续使用权证，并只能自己使用和继承，不能交易。耕地、林地等抵押、入股时，可以是长期产权，但无继承权，业主去世时使用权收归国有；在市场上交易时，也按照原业主存续时间交易，业主去世，则使用产权消失。

（十）地方财政可一次性稳定接替

2010～2015年国有土地使用权出让金收入分别为29 398亿元、33 477亿元、28 886亿元、41 000亿元、42 940亿元、33 658亿元。除去收入水平比较高的2013年、2014年的4万多亿元外，其他年份基本都在3万亿元左右，现把年平均土地出让金收入3万亿元作为地方政府的财力。

目前，全国城镇各类住宅面积达210亿平方米左右，即使全部按照2015年全国城镇居民人均可支配收入31 195元（按常住地分），房价收入比6的水平，以1%的消费性质房产税税率计算，征税房屋价格水平应当为每平方米3 743元，应税总资产达78.6万亿

元，城镇房地产税总额就为7 860亿元。当然，按照消费性质房产1%
的税率及其阶梯累进税率分4年到位的方案，第一年，只能征到其
中的1/4税收，之后每年动态增加。但是，刚开征时，多套房较多，
按照市价征收的投资性的房地产税较多；持有成本增加，抛售多套
房，所收的房产交易税也较多。随着多套房的减少和交易量的相对
下降，虽然这方面的税收相对增加放慢，甚至绝对量可能下降，然
而，消费性质住宅房地产税税率（1/4～1）是每年上调的，因此，
动态看，4年内每年之间的房地产税及其交易税仍然可以大体平衡。

城郊和农村应当纳税的超标准面积住房和二套房等，按照城
镇、城郊和农村法定面积内外不同的税率征收，征税额在2 000亿～
3 000亿元。

那么，假如2017年开征，全国房地产税和国有土地收入：
①前述的城镇工商金融地产可征14 000亿元税金；②城镇、城郊和
农村住宅房地产税9 000亿～10 000亿元；③城郊和农村的非农业
的经营性的房地产，最低估计可征收2 000亿元税金；④全国房地
产交易税，最低估计2 000亿元；⑤土地永续使用权在土地交易中
心的销售收入1 000亿～2 000亿元（包括盐碱地改造、填海造地、
废旧工矿土地整理等出售）。上述各项共计28 000亿～30 000亿
元，因为土地出让金中包括了征地拆迁补偿等成本，除去此部分，
完全能够接替地方财政目前的土地出让金部分，甚至有余。废除土
地出让金与开征房地产税和房地产交易税之间，可以一次性实现平

稳接替。

此外，在改革过程中，需要对房地产业，对土地和房屋，以及对房屋交易的各种现行政府收费和税收，进行清理、废止和归并，形成房地产税（不动产财产税）和房地产交易税（对交易所得征税）两个税种。

（十一）小结：选择阻力和风险较小的改革方案

为什么要进行上述的废除土地出让金，转变为开征房地产税的改革？一方面，是改变目前地方财政收入从农民和刚需买房者等低收入人群收取这样的不合理渠道的需要，是避免财富两极分化的需要，是抑制投资性房产需求而平抑房价的需要，是抑制地方政府卖地冲动的需要，也是节约宝贵土地资源的需要。另一方面，在改革中：①国家让出了永续使用权，给了城乡居民以真正意义上的财产权和继承权，也给一部分居民保留了选择年期使用产权而不进行改革的选择自由权。②考虑了城乡居民的承受能力，区分了消费性房产和投资性房产，居住的房产按照挤出泡沫的房价征税，对低收入人群实行减免。③消费性质房产税，由于分4年逐步调到1%的税率，考虑了工资等收入增长与税率逐步上调的联动，防止猛然一步到位对城乡居民其他生活消费方面的影响。④对于中产阶层的投资性房产，包括工商金融地产，国家考虑价格因素，按世界各国较低税率征税，并且不采用累进税率，对于土地出让金特别高时购置的投资性住宅和非住宅性质房地产，给予适当的退税。⑤考虑开征房

地产税后企业的税收负担，降低2个百分点的增值税税率，进行平衡。⑥对于农村和城郊宅基地及生产用房地产，农业性质的全面免税，非农业性质的进行减免；农村住宅，属于基本消费需求的，免征房产税；两套住宅以上的，按市价减免征收。⑦中央政府让一部分利，换取地方对企业的房地产征税，完善地方房地产税税种。

这是一个兼顾政府、城乡居民和企业、高中低不同收入群体，以及中央和地方等各方利益和关系，各方相互妥协，各自让出一部分利益，权益互换，并且阻力较小、风险较低和可控，可以平稳过渡的改革方案。

六、其他的风险及配套的改革

从新时期的改革任务看，包括党的十八大以来中央做出的一系列改革部署，我们认为，财政税收和土地住宅这两部分体制的改革，是最为艰难和复杂的部分。财政税收体制改革方案已经讨论了多年，有不同的方案可以供中央和有关部门参考。但是，土地住宅体制改革，涉及的领域多，关系特别复杂。除了对改革的内容进行设计以及对土地体制改革和房地产税开征等风险进行预估，对体制接替和过渡进行设计外，还要考虑配套的改革。

（一）其他风险和阻力

土地和住宅体制全面深入的改革，随着方式和过渡设计的不同，有程度不同的风险，需要进行梳理，既要推进改革，又要加以规避和防范。

（1）房地产价格可能发生的波动与金融体系的承受能力。中国房地产价格虚高，泡沫严重，特别是北京、上海、广州、深圳等特大城市。按照我们的改革方案，体制的调整会给房地产市场带来比较大的影响：①土地出让金体制废除后，土地价格会有较大幅度下跌，在建房地产工程的预期售价下降，之前高价拿地的房地产公司面临资不抵债的风险，形成银行坏账。②对于一些已上市的房地产企业，如果之前是高价拿地，预期房价下降，会影响股票价格，并且与关联上市企业之间的股价关系会失去平衡，引发金融风险。③房地产税改革实施后，或为降低持有成本，或对房地产市场预期发生变化，住房持有者都会导致大量抛售住房，房价下跌，也会出现上述银行坏账和股市波动等风险。

对于这些经济金融风险，应对办法是：①进行压力测试。不仅从理论上进行模拟测试，而且结合实际模拟分析可能面临的风险，比如，房价虚高时的按揭贷款大概有多少，用于高价买地的银行贷款大概有多少，等等。②选取某个城市进行改革测试，了解会产生的风险及其影响。③在测试的基础上，根据掌握的情况，实施较为宽松的货币政策，增加铸币税和银行利润，提取坏账准备金等，以冲销坏账，消化金融风险，推进改革。总之，只要把握好度，做好充分准备，改革就容易顺利推进。

（2）在农村、城郊可能出现新的两极分化。改革方案的实

施，虽然未来在城镇中可以避免形成2亿左右人口房主和7亿以上人口租户的贫富两极分化的两个阶层，但也会形成新的两极分化：①在同一个村里由于土地规划用途的不同导致的两极分化。比如，有的土地被规划为建设用地，有的土地被规划为耕地，土地被规划为建设用地的农民发财了，土地被规划为耕地的农民境况就比较差。为防止这种两极分化，在被规划开发的村庄特别是城郊及靠近城郊的村子，以耕地、建设用地永续使用权入股的形式，成立土地股份合作社，对于住宅商业等建设用地开发后带来的收益，由村集体里的农民按股份比例进行分配，避免两极分化。②大中城市近郊与边远山区农村农民之间的两极分化。土地确权颁证后，大中城市附近的农民较多地分享了发展成果，与边远山区农民的收入及财富差距会迅速拉开，必须引起高度重视。解决办法：①建立健全农民向城市逐步转移的有效机制，更大力度支持边远山区农民到城市创业就业。②重点发展县城和小城镇，促使距离大中城市较远的农村得到建设开发，以平衡大中城市附近的农民增收过快。配套推进省直管县改革，弱化地市一级，使得县城能够集聚更多发展资源。③推进地区之间的土地指标交易和占补平衡。现在，为增加土地供给，很多地方采取对土地进行整治的办法。如果是在大中城市近郊进行整治，成本会比较高；而在边远山区农村整治，则成本比较低。农村整治出来的土地，按照一定的比例和指标卖给城市，以供建设发展之需。城市在买入土地指标时，以所在地正常的土地价格支付给农村地区，把利润分配给农村，这实际上是一种双赢的城市反哺农村的机制。城市建设用地增加和农村建设用地减少挂钩，保证了城乡的建设用地总量不增加、耕地总量不减少，并增加了农民收入。事实上，这一思路办法在国家"十三五"规划纲要中也有所体现。比如，在有关扶贫开发的政策保障中，纲要提出"加大贫困地区土地整治支持力度，允许贫困县将城乡建设用地增减挂钩指标在省域范围内使用"。

（3）钉子户影响建设和暴富问题。在各地区的征地拆迁中，有两方面的问题比较突出：一是拆迁补偿标准的制定，不考虑土地的市场价值，不考虑起码的社会公平，就算给农民的补偿超过了补偿标准，也严重损害农民利益，由此频发群体性事件。二是有的村民认定政府公共设施项目及工商住宅建设项目势在必行，漫天要价做钉子户，影响拆迁、建设的推进。如果满足钉子户的要求，不仅会产生少数人因拆迁补偿而暴富的问题，而且对其他村民也不公平，显然不合理。怎么办？解决办法：①土地规划要科学合理，并经人大等权力机构通过，以增强权威性、严肃性。②完善法律法规，比如，在《土地管理法》中明确，在实施规划中，该拆迁的必须拆迁，拆迁赔偿标准要法定，并严格执行。③土地价格反映土地的市场价值，由市场决定，既不能任由钉子户坐地涨价，也不能由政府打着公共利益的名义搞低价交易，让农民吃亏。④国土、财税、建设等部门加强对征地行为和土地交易的监管，对于过高的交

易价格，以税收等经济手段进行调节，特别是以交易税、累进的增值税或者累进的个人所得税等方式，将一部分因政府投入导致的涨价归公，防止出现一夜暴富的现象。⑤在严格按规则、法律、市场原则进行拆迁补偿工作后，如果还出现纠纷，比如极个别人仍然扮演钉子户，则由司法程序予以解决。只要把规则制定好、执行好，钉子户和暴富问题就能比较好地得到解决。

（4）来自房地产商、地方政府等既得利益者的阻力。房地产商和地方政府是现行土地住宅体制的既得利益者，改革土地住宅体制，不只是让他们感觉不便，也会不可避免地损害他们的既得利益。

在房地产商方面：①多渠道满足中国城乡居民，特别是城镇居民的住宅需求，将对目前房地产商单一渠道的垄断产生冲击，影响其利益。因此，改革会遭到各地房地产商及其利益代表者建设部门的反对，可能提出诸如资质、规划、设计、安全、监管等各方面的借口来反对多渠道供应住宅的改革。②将出让金土地财政改革为房地产税方式，一些房地产开发商担心征税会使多套房需求减少，影响房屋价格，使房地产商利益受损，因此也将通过各种形式进行反对。

在地方政府方面：①经过大改后的土地住宅体制，在操作实施层面，必然需要打破惯性思维，很多工作规程、工作方法也要调整，政府及相关工作人员会不大习惯。②开征房地产税的必要前提和基础，是全面准确掌握住户的房屋信息，这就需要对房屋登记信息系统进行全国联网，先不论核查长期以来历史旧账的难度有多大，仅推进这项改革会涉及众多官员及其他既得利益者的隐私这一点，就使得推进全国联网任重道远。③一个突出的问题是，地方政府财政的正常运转比较依赖土地出让金，一些地方官员的利益也与现行土地住宅体制有着千丝万缕的联系，推进土地住宅体制改革，必然会遭到他们的反对。④国土部门集行政审批权和行政执法权于一身，权力高度集中，是一个炙手可热的部门。如果把土地资源交由市场配置，改革土地出让金、招拍挂、土地储备等制度，国土部门行政权力的行使空间将大大压缩，其既得利益必然受到影响，失落感显而易见。从目前的情形看，推进土地住宅体制改革虽然需要国土部门发挥作用，但很大的阻力正是来自国土部门。

由于房地产税是市县地方税，中央只负责制定土地和住宅体制改革方案，并将土地出让金从体制上完全停止和废除，至于什么时间征房地产税，如何减免，权力放给地方政府。克服和化解改革的阻力的任务，由中央和地方各级政府共同承担。如果有的地方政府推诿，只要其废除土地出让金体制后财政能正常运转，中央可以让其在房地产税改革与不改革、改革力度多大等之间进行选择。比如北京、上海、广州、深圳和杭州等地，由于过去政府炒高地价房价，导致房价虚高，住宅和写字楼等房地产税税率可适当允许调低，但必须通过中央全面深化改革领导小组的批准认可。

（二）配套和联动的改革

土地和住宅体制改革，需要财政税收、产权登记、规划建设等

各方面的配套，仅仅靠土地部门或者建设部门单一地推进，根本无法实现。土地和住宅体制配套改革内容，包括以下几个方面：

（1）强化市县级的管理权责。从世界各国情况看，大多数国家设立中央和地方三级政府，发达国家地方政府多为二级制。比如，美国实行州、市县二级制，英国实行地区、郡县二级制。目前，我国地方政府大致上是省、地市、县（市、区）、乡镇（街道）四级制。20世纪90年代以来，随着财政体制上省直管县改革的开展，强化县级管理权责的问题越来越突出。其中，遇到的一个突出问题是县级的财权与事权不匹配，财政压力比较大。土地住宅体制改革的实施，一方面，房地管理的事权进一步由市县负起责任，房地确权、认证、发证等工作都由市县负责；另一方面，房地产税成为市县的主体税种，由市县负责征收，征税收入由市县统筹安排支出。房地产是不动产，以此为对象征税能够保证市县每年有较为稳定的收入，市县一级也能更好地发挥作用。为强化市县的职能，在开展省直管县改革的同时，采取有效措施，推动乡财县管。

（2）加强规划之间的统筹协调，尤其合并目前发改、建设和国土部门"三分"的国土功能规划、国土利用规划和城乡建设规划。现在的用地规划由发改、国土、建设、农业、林业等部门各自进行，相互之间协调统筹不够，矛盾较多。比如，在有的地方，国土部门规划如何进行村庄整治，以整理出更多的土地用于耕地，而林业、农业等部门却在大力推进退耕还林还草等工作，互相冲突，浪费资源。因此，一定要加强各方面规划之间的统筹协调，形成科学合理的规划体系。

还有一个比较大的问题是，城市建设规划到的地方，土地利用规划不一定能及时跟上，反之亦然。两大规划之间的矛盾，导致很多问题，诸如未批先建、边批边建等不规范甚至违法用地的现象很多都与此有关。因此，要打通城市建设规划和土地利用规划，必要时确定只由其中的一个部门制定规划。建议利用中央推进大部制改革的机遇，把建设和国土两个部门合二为一。

（3）财税、国土、房屋等部门职能和有关体制的联动调整。建立全国联网的房地产信息登记平台，各有关部门共享相关信息资源。为配套土地住宅体制改革，国土房屋部门不再负责收取土地出让金，主要是搞好土地规划利用，制定规则，加强对房地产市场的监管。房地资源主要由市场配置，包括耕地、林地、宅基地、房产、水面等在内的所有不动产，统一由国土房屋部门管理，统一确权、登记、认证、发证。财税部门等按照法律规定，向进行房地产交易及持有房地产的纳税人征收房地产税，并统一纳入地方财政进行预算管理。

（4）加强和改进农村基层社会治理。农村集体土地财产使用权确权到户后，对农村社会治理和农村稳定会有一定的影响。因此，要配套改革农村基层社会治理，政府加大对农村建设和社会保障的资金投入，并向村集体组织提供支持，让村集体在农村社会管

理和公共服务提供等方面发挥作用，确保农村社会和谐稳定。

（5）村庄的保留和整治。中国的不少村庄很有特色，有着珍贵的历史文化遗存、独特的风光、秀丽的山水、特色产业等，这些特色如何在改善农民居住条件的同时，更好地得到保留和发展，在土地住宅体制改革时必须予以重视。①总体上，按照土地集约利用、公共设施集中、社会服务规模化、成本最小化等原则，推进村庄撤并工作，建立新型农村社区，农民到新社区集中居住。②多保留一些历史文化底蕴较深、遗存较多的村落，在村庄拆迁整治中，如果涉及民俗、古建筑等，一定要慎重，注意保留下来。③充分利用一些村庄良好的生态环境和自然风光，在开发整治中注重把农业和旅游业结合起来，不仅可以发展农业生产、保护生态环境、增加乡村游乐功能，而且可以促进农民增收就业。④对于产业特色比较鲜明的村庄，比如，一些茶产业、中药产业以及某类经济作物产业基础比较好的村庄，在进行整治时，要与特色产业发展结合起来，促使特色产业得到更好发展。

第五章

中国土地住宅体制改革的法律配套

中国土地住宅体制如何改革，并且以立法的形式加以承认、固定和发展，是未来一段时期中国经济和社会稳定发展绕不过去的一个问题。目前，有关专家、学者和政府部门正在讨论土地住宅相关法律法规的立改废，虽然各方意见不一、争论很大，但这也是推进土地住宅体制改革的一个契机，本章就此阐述我们的一些观点，并提出相应的建议。

一、现行土地住宅法律制度与改革目标的冲突

20世纪90年代初期以来，中国在推进立法工作中遵循的一条重要原则是：把国家的立法决策、立法规划、立法项目、立法草案

等与执政党的改革决策紧密结合起来，通过立法使党的重大决策及时法律化、规范化和成为国家意志，把改革实践证明行之有效的决策，及时上升为法律。[①] 中国土地住宅体制安排主要通过一些法律法规和规范性文件表现出来，制度中存在的问题，也表现为现行法律法规制度的不科学、不完善，既没有及时把这些年来的诸多改革成果充分体现到法律的立改废中，也没有充分发挥立法的引领和推动作用，为深化改革指引方向和提供保障。从中国目前土地住宅体制的有关立法情况来看，相比较改革要求和改革目标而言，主要存在以下四个方面的突出问题：

（一）部分法律规定脱离改革发展实际，事实上已经不可能再实施下去

法律的生命力在于实施，如果法律在现实中无法实施，只是停留在条文上，成为一纸空文，不仅立法没有意义，而且国家和政权组织的公信力、权威性也受到挑战。就此而言，中国土地住宅体制改革的紧迫性不只是来自发展市场经济的需要，更重要的是目前土地住宅领域的不少法律法规已经不合时宜，在实际操作中根本不可能执行得下去。比如，国家对农村宅基地的规定多年来一直比较稳定，也很明确，农村一户家庭只能拥有一处面积不超过省、自治

---

① 穆虹. 全面深化改革必须全面推进依法治国[M]//本书编写组.《中共中央关于全面推进依法治国若干重大问题的决定》辅导读本. 北京：人民出版社，2014：11.

区、直辖市规定标准的宅基地，城镇居民不得在农村购置宅基地。但随着经济持续发展和城市化快速推进，一方面，在沿海地区和广大城乡接合部地区，城镇建设用地越来越紧张，无偿分配宅基地与土地资本化背道而驰，这些地区在20世纪90年代中后期以后，就不再无偿分配宅基地了；另一方面，农民收入大幅度提高后，纷纷加盖房屋，有的突破了原来分配的宅基地面积，有的突破了各省、自治区、直辖市规定的宅基地上盖的住房面积，有的原有宅基地不够用，还占用了承包地。[①] 还有，城镇居民虽然不直接违法在农村购置宅基地，但通过长期租赁等迂回方式，事实上已经有很多城镇居民在农村拥有了宅基地。再比如，《中华人民共和国城市房地产管理法》（以下简称《城市房地产管理法》）第二十二条就土地使用权续延问题明确规定："土地使用权出让合同约定的使用年限届满，土地使用者需要继续使用土地的，应当至迟于届满前一年申请续期，除根据社会公共利益需要收回该幅土地的，应当予以批准。经批准准予续期的，应当重新签订土地使用权出让合同，依照规定支付土地使用权出让金。土地使用权出让合同约定的使用年限届满，土地使用者未申请续期或者虽申请续期但依照前款规定未获批准的，土地使用权由国家无偿收回。"从实际情况看，比如城市居民的商品房住宅用地目前支付的土地出让金很高，实际上相当

---

① 甘藏春. 社会转型与中国土地管理制度改革[M]. 北京：中国发展出版社，2014：49.

于买断了土地产权，试想当土地使用年限届满时，如果让现在的住户再交一次高昂的出让金，先不说经济上是否合理，对政治社会稳定将会产生严重影响。因此，这一法律规定将来究竟怎样实施、实施到什么程度，都需要深入研究、慎重对待。还比如，推行"街区制"，从封闭式小区走向开放式小区是国外城市建设管理的普遍经验，也是我们解决"城市病"、规划建设城市住宅小区的一个重要方向。《中共中央、国务院关于进一步加强城市规划建设管理工作的若干意见》明确提出，"新建住宅要推广街区制，原则上不再建设封闭住宅小区，已建成的住宅小区和单位大院要逐步打开"。虽然推行街区制、建设开放式小区是发展方向，但落实这些要求毕竟要修改制定相关法律法规。

（二）部分法律规定之间存在相互矛盾的情况，立法统筹协调需要进一步加强

改革开放以来，关于中国的土地住宅体制安排，1982年《宪法》及之后的四次局部修改都予以了规定，国家还陆续颁布了《土地管理法》《物权法》等法律，但在住宅问题上，至今还没有《住宅法》。从总体上看，由于之前的立法和修法或多或少受计划经济思想影响，部门主导并且部门之间立法协调不够，特别是部门自己出台的法律实施细则、法规和规定等带有部门利益色彩，在实际的运行中，存在相互矛盾的问题。仅从《宪法》《土地管理法》《物权法》等重要法律来看，比较突出的矛盾有：一是同一部法律中的一些规定之间存在矛盾。比如，《宪法》有关土地所有制和征地制度的规定存在着"二律背反"。一方面，《宪法》规定城市的土地归国家所有，农村的土地归农民集体所有，这就意味着凡是城市化和工业化新增的土地需求，无论是出于公共利益的需要，还是非公共利益的需要，都必须通过国家的征地行为（即把农村集体所有的土地转变为国有土地）来满足。另一方面，《宪法》又强调，国家只有出于公共利益的需要，才能对农地实行征收或征用。很明显，要满足前一种要求，就会违反后一种规定；而要坚持后一种规定，又不能满足前一种要求。[①]二是不同的法律之间存在矛盾。比如，《中华人民共和国土地管理法实施条例》第七条规定："土地使用权有偿使用合同约定的使用期限届满，土地使用者未申请续期或者虽申请续期未获批准的，由原土地登记机关注销土地登记。"《城市房地产管理法》也明确土地使用权出让，是指国家将国有土地使用权在一定年限内出让给土地使用者。但是，《物权法》却规定住宅建设用地使用权期间届满的，自动续期，与上述两个法律的规定显然不协调。

（三）部分法律规定不符合党的十八大以来中央的有关精神和要求，立法需要及时跟上改革步伐

党的十八届三中全会做出了关于全面深化改革若干重大问题的

---

① 秦夕雅，邵海鹏. 专访清华大学政治经济学研究中心主任蔡继明：城乡土地制度要互动改革[N]. 第一财经日报，2013-11-15（T18）.

决定，其中对改革土地住宅体制也提出了明确的原则性要求，这是下一步深化土地住宅体制改革的重要顶层设计。在土地制度方面，决定围绕保障农民权益，让农民平等分享发展成果，在改革农村土地基本产权和经营制度、明晰土地产权、统一城乡建设用地市场、保障土地财产权利、发展农村产权流转交易市场、鼓励和引导工商资本进农村等方面做了设计；在住宅制度方面，决定明确提出健全符合国情的住房保障和供应体系，建立公开规范的住房公积金制度，改进住房公积金提取、使用、监管机制。与这些改革要求相比较，一些法律法规显然不符合、不适应，需要抓紧立改废。比如，《决定》明确"赋予农民对承包地占有、使用、收益、流转及承包经营权抵押、担保权能"，"赋予农民对集体资产股份占有、收益、有偿退出及抵押、担保、继承权"，"慎重稳妥推进农民住房财产权抵押、担保、转让，探索农民增加财产性收入渠道"，但《农村土地承包法》《土地管理法》《中华人民共和国担保法》等法律却禁止将这类权利（除招标取得的"四荒地"外）作为抵押、担保的客体；《物权法》界定土地承包经营权、宅基地使用权为用益物权，不属自物权，亦不能作为抵押、担保的客体；《中华人民共和国拍卖法》亦不允许其作为拍卖的标的物；《中华人民共和国继承法》也尚未明确规定农民所取得的集体资产股份可以继承。[①] 又如，近些年来国家高度重视

---

① 徐汉明，徐晶. 完善农民土地财产权保护法律制度的建议[N]. 法制日报，2014-12-17（11）.

住房保障工作，投入了大量财力物力，但由于没有出台全国统一的住房保障法，这些工作目前主要由一些部门规章和地方性法规来规范，缺乏统一的法律指导和约束，实施操作中的随意性也比较大，影响了住房保障事业的发展。此外，需要特别强调的是，近年来中央出台了一系列与土地有关的重大政策举措，都需要在法律层面加以确认。比如，2016年政府工作报告提出建立健全"人地钱"挂钩政策，以推动新型城镇化建设，但这项政策不仅需要配套推动户籍、社保、财政制度改革，还需要修改完善《土地管理法》等相关法律以及配套改革涉及的其他有关法律。

二、土地住宅修法立法中应调整好的几个关系

土地住宅修法立法涉及制度体制和重大利益的调整，必须处理好一些重大的关系，才能稳妥顺利地推进，为改革土地住宅体制提供保障。

（一）政府管理与市场调节的关系

在有关土地法的修改和立法中，究竟是立一部民法——《土地法》，还是立一部行政法——《土地管理法》，有不同的意见。从目前的立法基础和相关法律的配套来看，一步到位，立一部《土地法》的条件还不成熟，还是以修订《土地管理法》为宜。但是，需要指出的是，不能将要修订的《土地管理法》纯粹定位为方便土地行政管理的法律，否则就失去了修订《土地管理法》的意义。在修

订《土地管理法》时，很重要的是如何处理好土地资源配置方面政府管理与市场调节的关系。

从政府加强对土地的行政管理看，主要应体现在这样一些方面：①大的国土规划，比如全国草原、森林、农业、独立工矿、城镇及城市圈等功能区的规划，国土、村庄和土地整治战略和规划；②应当与国土规划相协调的部门和行业土地利用规划，如林业、交通、水利、农业、海洋等土地利用规划；③城市和乡村建设规划，包括城市和乡村功能区的划分，建筑容积率的控制，城市道路、生态、工业、生活、商业、教育等功能区的划分；④对功能区规划内的土地实行用途管制，比如城市规划内用于生态绿地的土地不能用来建设住宅，对住宅的层数和高度也要进行控制；⑤制定土地管理的实施细则，并加以实施；⑥研究制定土地资源的利用战略、体制、政策，对土地管理的重大事项提交人大进行决策，并对决策加以执行；⑦对土地纠纷的仲裁等进行研究和提出意见等。

然而，需要看到的是，城市化过程中人口到底向哪里流动和集中，经济发展中资金、技术和项目会往哪里投入，这是由地理区位、就业机会、工资水平、运输距离、交通条件、经营条件等决定的，并且是不断变化的，归根到底是由市场机制调节的。因而，认为规划机关是万能的，有非常长远并且科学的预见性，这是计划经济的思维，实际上是不现实的。比如对每一个城市的人口和用地规模在十几年和几十年前就进行规定，但是，执行的结果，有的城市可能人口大量地增长，突破规划，而有的城市可能达不到规划预期的人口规模。

从推进城市化的进程来看，立法的一个重要功能，是使农民进入城市工作时，能够有自己的住房安居下来。然而，农民进入城市，开始时收入较低，只能居住在城中村或城郊出租屋中，立法要对这些能使农民低成本居住的方式给以宽容。而且，为了降低农民的居住成本，立法应当在城市特定的地域，允许开辟一些平民区，并保护平民区的居住权益，使其家人能够团聚，减少人口在城乡之间的剧烈流动，防止农村人口过快的老龄化，并加快一些小、散、远村落人口的迁移和其土地被整理复垦为耕地。立法上不要急于在未来还有数以亿计的人口向城市转移的发展阶段中，片面地强调绝大多数城市建设的现代化和国际化，这实际上是不可能的。待到平民区的人口收入提高，逐步向其他区域转移，并且国家和各级地方财政实力逐步增强后，再逐步地改造这些平民区，最终推动城市的现代化。

由于社会需求、价格、成本、利润等方面的变化，企业的进出、人口的流动、土地资源的配置每天都会发生变化。对这种大量的土地资源的重新配置，国土资源部门都要管起来，实际上也是不现实的。对此，在规划和用途管制的前提下，其价格、交易方式等应当交由市场去调节。政府要做的事是改革目前的行政垄断性的市场，让集体建设用地也进入市场，形成竞争性的土地供应市场。政

府的职责是打击土地市场的囤积、垄断以及利用垄断地位和不正当手段抬高地价的行为。此外，市场经济的一个重要规则是同物同价，集体所有土地和国有土地应当同地同价，不能再实行征用补偿的办法。

（二）粮食安全与住房保障的关系

对于像中国这样的人口大国来说，保有一定数量的耕地，确保粮食安全，是非常重要的。城市化到底需要多少土地，特别是城市中需要多少居住用地？农村什么时候衰败到什么程度，能整理出来多少土地？如果大部分农民在城市中买不起住房，农村的土地能不能被整理出来？这些都需要进行认真的预测和分析。从农业社会向城市社会转型，实际意味着土地资源的一次重新分配。如果偏重于耕地的保护，而对城市化用地，特别是住宅用地限制过度，其后果很可能是城市中80%的需要住房的居民购买不起住宅，阻碍农村人口向城市顺利转移，形成一系列比粮食不安全更加麻烦和严重的社会问题。

因此，在改革和立法上，要在传统的粮食安全和非传统的房价、人口流动、人口老龄化、贫富差距等社会安全之间谋求平衡。只顾一方面，可能造成无法挽回的社会后果。在法律的有关条款中，不仅要有保护耕地的条款，也要有保证土地供应、维护房价稳定的规定；否则，只关注吃饱，不关注安居，至少在执政为民方面是有缺陷的。在具体的方面，如怎样占补，在什么范围内占补，在一些地区能不能占补，可能都需要认真地进行研究。此外，立法也要考虑技术进步、农业生产条件改善、规模经营、进口等对粮食安全的保证。

根据相关研究，农村人口2007年比1978年减少了6 246万人，但是用地比1978年增加了19 628万亩；同期，城镇人口增加了42 134万人，但城镇建成区面积，包括建制镇，才增加了5 043万亩。[1] 从节约用地来看，立法应当限制农村村庄用地的扩大，放宽城市住宅用地的供给，鼓励相对少的城市居住用地转移更多的农村人口；应当限制城镇居民到农村，特别是去购买今后要被整理为耕地的农民宅地，鼓励城镇、城郊中用集体土地建设有利于集中人口的、置换农村庭院式住宅的多层甚至高层住宅；应当限制占地过多、容纳人口相对较少的别墅的建设，鼓励容积率适当的多层和高层住宅建设；鼓励够用、舒适的一套房居住模式，限制城乡或者不同区域两栖居住、多套居住、别墅居住和超大面积居住模式。当然，在立法方面应更多地规定用房地产税、土地使用税和累进税收等手段进行调节。

（三）土地改革与财政改革的关系

土地改革和立法与财政体制改革一定要同步。改革和立法如果不涉及地方政府的土地财政，不改变目前在土地和房产方面的财政收入筹集方式，很难说改革会取得实效，立法也将是不完全和片面

---

[1] 周天勇. 中国向何处去[M]. 北京：人民日报出版社，2010：199.

的。因为地方政府收入的很大一部分来源于土地出让金，而这种收入又是不稳定、不可持续的，要利用这次立法的机会，将其彻底纠正。所有的土地，不论是集体所有还是国家所有，不论是政府收购后储备的还是因为企业破产、转产要进行转让的，在转让时，都可以直接由自然人和法人提交土地交易中心经常性挂牌，用地商可以到土地交易中心随时找地选地，交易可以随时进行，从而改变政府卖地的垄断性供地格局。

土地相关法律的一些条款，不能迁就目前的地方政府财政体制，而是要通过改革和立法改变目前这种不合理的卖地财政格局。总之，这次改革和立法，应当达到这样的效果：一是强制地方政府改革目前从土地拍卖上获得财政的收入方式，对土地交易收取交易税，对房产保有收取房产税，对一些土地使用比较多的企业收取土地使用税；二是强制地方政府清理目前在房地产上征收的各种税费，废除收费，简化税收，稳定收入渠道，并使政府在土地和房产方面的税收具有可持续性。

（四）土地保障与规模经营的关系

在传统农业社会中，土地是最基本的生活保障，而在向现代社会转型的过程中，这种保障方式逐渐被农村的商业化和市场化所削弱和瓦解，逐渐被在非农产业就业和现代的社会保障所替代。如果传统农业不向现代农业转变，传统的保障方式不向现代的保障方式转变，农业的规模化和现代化是很难想象的。因此，土地制度的设计

和立法，是顺应经济社会发展规律的趋势，还是与经济社会发展规律
背道而驰，需要慎重对待。

一家承包经营几亩，并且分散多处的耕地，与现代农业的规模
经营是格格不入的。特别是小规模且分散多处的农户经营，无法抵
御农业生产资料的不断上涨，一些先进技术无法应用，分摊成本太
高，而且由于农业的比较收益太低，即使有国家的大力支持，农民
也无法从这样的生产方式中致富。从立法角度看，要促进耕地的流
转和集中，实现农业的规模经营，降低分摊成本，提高农业生产
率，使农业逐步有抵御生产资料涨价的能力，在政府支持、调节和
理顺农业产品价格的前提下，获得其应有的收益。耕地集中和规模
经营是发展现代农业的基础。因此，在立法上应着重克服耕地流转
集中的障碍，而不是对耕地流转和集中设置诸多的限制。

特别需要说明的是，一些地方政府实施的农民土地换社保并大
范围将城郊农民变市民的办法，实际上是对农民的一种剥夺。地方
政府社保换土地，实际上不可能解决农民的就业，而且社保缴费是
一个长期的支出过程，一个时点上土地征用倒卖得到的收入，缴纳
一个人很长时间的社保，特别是养老费，是不可持续的。事实上，
地方政府往往在得到土地高价倒卖后，收入实际上已经用于别的支
出项目，将这部分农民的社保缴费负担留给了后来的财政。从会计
学的原则看，只有处在不断经营过程中不断有收益的土地，才可以
带给农民不断的社保缴费能力，而一个时点上被卖出的土地，其静

态的价值，实际上不可能满足农民一生的社保缴费，这是一个简单但容易被忽视的道理。

三、完善土地住宅相关法律制度的若干建议

当前，中国土地住宅立法方面存在的突出问题是法制不健全和立法层次偏低，不少应该由国家立法明确的政策规则，实践中却是由政府部门或地方的"红头文件"来规定，导致这些政策既出自中央和各级地方政府，又靠各级政府实施，还靠上级行政机构监督下级行政机构的方式来推动政策的落实，势必引发一系列问题。比如，缺乏行政体制外的立法、司法和社会舆论监督，公民特别是农民的权益得不到有效保障。在国家征地和城镇化过程中，可能的侵权方是国家或者地方政府，决定补偿标准的也是国家或者当地政府，这样合作剩余的分配就会发生严重偏离。① 因此，土地住宅立法，要本着执政为民、以人为本的精神，符合经济社会发展的规律和趋势，顺应社会主义市场经济体制的完善，考虑土地资源配置的特殊性，顾及土地制度的历史延续性和改革的可操作性，让利益相关各方参加讨论和发表意见，让专家、学者进行研究，对各种方案和法律草案进行实施成效和后果的预估，使土地体制的改革和立法

---

① 柯华庆. 法律经济学视野下的农村土地产权[M]//盛洪，沈开举. 土地制度研究：第一辑. 北京：知识产权出版社，2012：199.

为科学发展及建设和谐社会服务。

首先，至为重要的是修改《宪法》。《宪法》是国家的根本大法，规定国家的根本任务和根本制度，是特定社会政治经济和思想文化条件综合作用的产物，大刀阔斧地改革创新土地住宅体制，首先要对《宪法》的有关规定进行修改。重点应明确两个方面：一是促使土地所有权与使用权相分离，注重保护土地实际使用人的使用权。从民法学的意义上看，各项土地物权都是在土地利用过程中逐步脱离土地所有权而形成的财产权。可以说，全部土地物权的发展史，就是一部促进土地合理利用的历史。从注重土地所有权的保护到注重土地利用过程中非所有人的权利的保护，是各国在土地立法中所走过的一条共同道路。① 二是贯彻财产规则，保护居民合法的土地住宅财产权益。在财产规则下，法律对初始权利进行界定以后，不再对权利的转让及转让价格进行干预。在这一规则下，法律对权利持有人的意愿给予充分尊重，如果一项权利是受财产规则保护的，那么另一人若想从权利的持有人那里获得这项权利，就只有通过自愿的交易，按照权利人同意的价格才能实现权利的转让。如果购买方不能提出让权利人接受的价格，权利人有权拒绝交易。②

---

① 甘藏春. 社会转型与中国土地管理制度改革[M]. 北京：中国发展出版社，2014：86.

② 柯华庆. 法律经济学视野下的农村土地产权[M]//盛洪，沈开举. 土地制度研究：第一辑. 北京：知识产权出版社，2012：197.

其次，与时俱进修订土地住宅相关法律法规。依据十八届三中全会《决定》精神，全面修改《土地管理法》，把土地产权制度、土地交易制度、土地资源利用制度以及政府规划管理和宏观调节等写入《土地管理法》。在修改《土地管理法》的基础上，修改《物权法》《城市房地产管理法》等法律以及有关配套法规制度。十八届三中全会《决定》的要求是原则性的概括，简单的几句话可能就会涉及一系列法律的修订完善。比如，《决定》明确"允许财政项目资金直接投向符合条件的合作社，允许财政补助形成的资产转交合作社持有和管护"，为此就要修改相关法律法规，明确规定公共财政以项目资金等作为国有资本与农业合作资本融通的范围、方式及程序；完善财政补助形成的资产转交合作社持有和管护的途径及罚则；明晰财政作为公共资产所有（归属）交由合作社持有（控制）与管护（监护）的性质、委托代理关系、保值增值、分层收益的形式以及罚则。① 类似这样的要求在《决定》中还有很多，都需要全面考虑、系统设计、统筹推进。

最后，加快推进重要法律法规的立法工作。近些年来，中国土地住宅领域出现了大量的新情况、新问题，涉及调整的利益关系又特别重大，事关广大人民群众的切身利益，亟须加快相关立法进

---

① 徐汉明，徐晶. 完善农民土地财产权保护法律制度的建议[N]. 法制日报，2014-12-17（11）.

程，以法律来规范并调整相关权利义务关系。比如，现在社会上对建立统一开放的城乡产权交易市场规范体系的认识是比较一致的，但推进这项工作缺乏法律依据，因此建议加快制定城乡统一开放的产权交易法，明确农村产权交易依法、自愿、有偿、公开、公平、公正，尊重农民土地承包经营产权主体地位等原则，界定交易产品的范围，制定交易规则与罚则等。[①] 又如，进入21世纪以来，中国在住房供应和住房保障体系建设方面做了大量探索，形成了很多好做法、好经验，亟须加强立法，以立法来确认和巩固成果，并以立法来进一步规范和推动工作。

---

① 徐汉明，徐晶. 完善农民土地财产权保护法律制度的建议[N]. 法制日报，2014-12-17
（11）.

后记

　　本书尽管篇幅不长，但从酝酿、选题、调研到写作、修改、完善，前后总共历时近四年。四年来，一方面，社会各界对深化土地住宅体制改革的呼声越来越强烈，针对的问题越来越尖锐；另一方面，中央立足新的形势和任务，就土地住宅体制改革做出了一系列部署，提出了一系列要求。所有这些问题和要求，基本上都在本书的反复修改完善中得到了反映和体现。

　　本书的顺利出版，首先要感谢中国财政科学研究院的贾康先生和相关专家同仁，他们的宝贵意见和研究成果，使得我们的研究能够不断深入。由于水平有限，书中难免会有一些不足，一些观点也有待于进一步商榷，敬请读者给予批评指正。

作　者

2016年5月18日